バレリーナ・ボディになりたい!

バレエを踊る人のための解剖学

蘆田ひろみ

レッスン指導＝有馬えり子

新書館

Contents

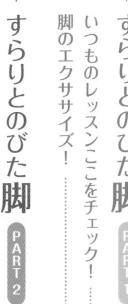

はじめに

この本では、腕《うで》や脚、おしりなどの部位ごとに、
バレリーナのすらりとしたスタイルはどうやって作られるのか
その筋肉や骨のしくみを解剖学的《かいぼうがくてき》に紹介します。

さらに、ターゲットとなる部位ごとに
ふだんのレッスンで意識すべき体の使い方や
その筋肉をきたえるためのエクササイズも紹介します。

まずは体のしくみをイラストでしっかり理解してから
レッスンやエクササイズにもぜひチャレンジしてみてください。

※レッスンで解説している動きは一例です。
パの名前、腕や脚の使い方、体や顔の方向などは
メソッドなどによってことなる場合があります。

※エクササイズは、ケガをしないように
無理のない範囲《はんい》で行いましょう。

Lesson 1

すっとのびた
背中

ひとめでバレリーナとわかるような、
すっとのびた背すじ。
姿《し》勢《せい》がよいと、それだけでとっても美しく見えますね。
バレリーナ・ボディへの第一歩、
まずはまっすぐな「背中」作りから
始めましょう！

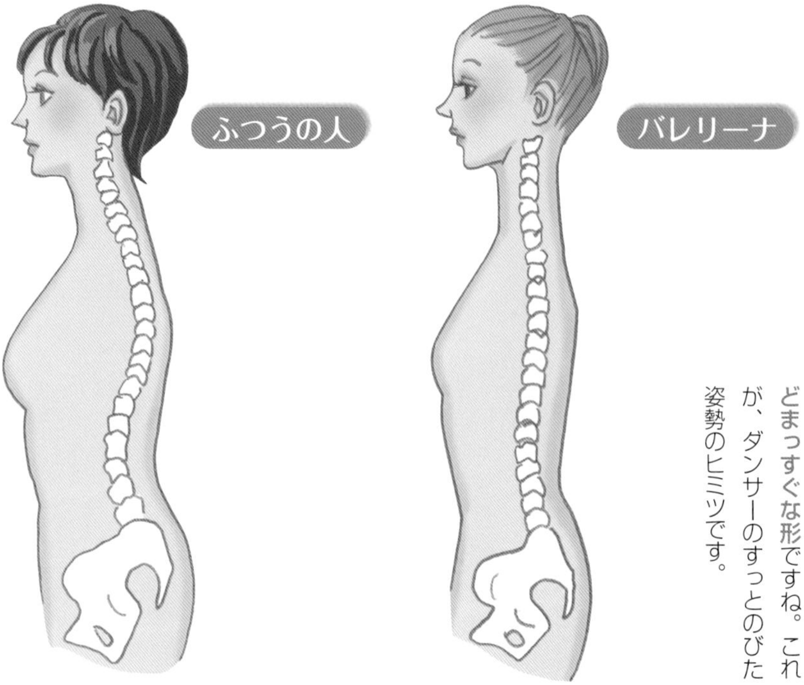
ふつうの人
バレリーナ

バレリーナの背骨

　ふつうの人の背骨《せぼね》は、S字にカーブしています。でも、**バレリーナの背骨は、ほとんどまっすぐな形**ですね。これが、ダンサーのすっとのびた姿勢のヒミツです。

　ふつう背骨は、立ったり歩いたりするときにかかる衝撃《しょうげき》を軽くするため、S字にカーブしています。でも、**バレエを踊るときは、できるだけ背骨をまっすぐにする**必要があります。それは、軸《じく》をまっすぐにキープするため。たとえば回転するとき、もし背骨が大きくカーブしていると、軸がぶれやすくなってしまいます。そうすると、バランスをとろうと脚に力を入れてしまい、よけいな筋肉がつく原因にもなるのです。

　では、このまっすぐな背骨は、生まれつきのものでしょうか？　いいえ、これは、毎日のレッスンの積み重ねで作られるものなんですよ。

脊柱起立筋と広背筋をじっさいに使ってみましょう！

筋肉を感じてみよう！

背中反らし　背骨を引き上げるときに使うのが**脊柱起立筋**です。

❶床にうつぶせになって腕はアン・オーにする。両脚のあいだは、30センチくらい開いておく。
❷上体と両腕を起こし、10秒キープする。

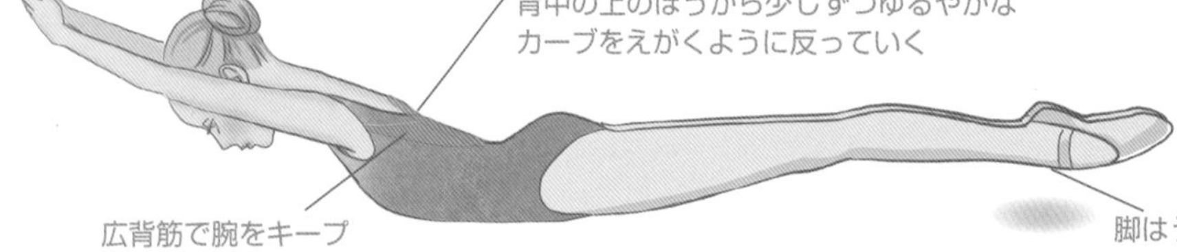
いちど背骨を引き上げてから、背中の上のほうから少しずつゆるやかなカーブをえがくように反っていく
広背筋で腕をキープ
脚はういてもOK

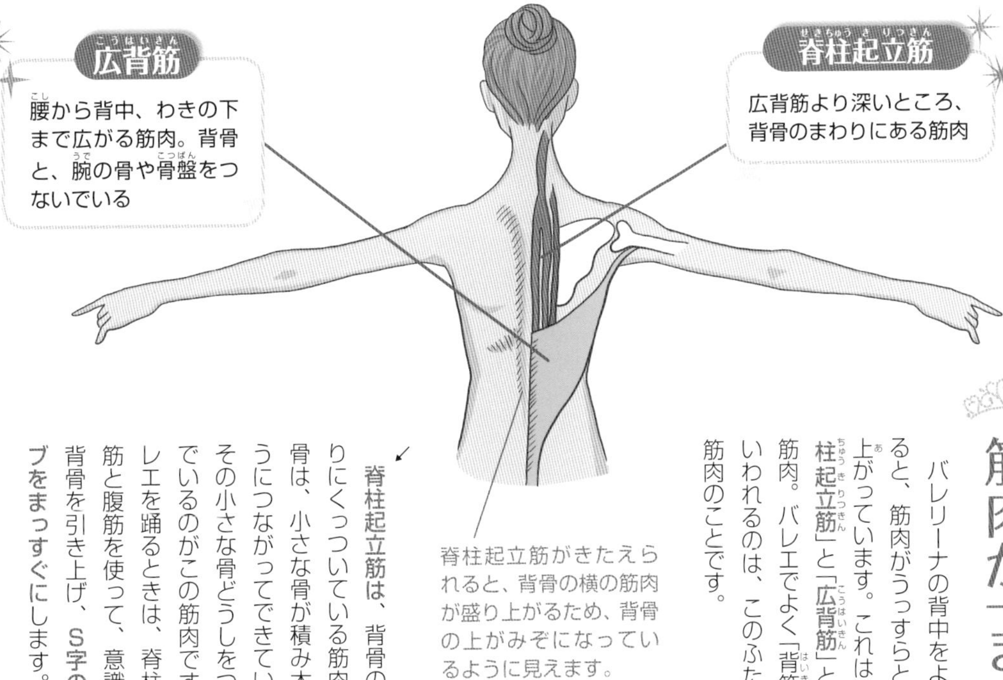
広背筋《こうはいきん》
腰《こし》から背中、わきの下まで広がる筋肉。背骨と、腕《うで》の骨や骨盤《こつばん》をつないでいる
脊柱起立筋《せきちゅうきりつきん》
広背筋より深いところ、背骨のまわりにある筋肉
脊柱起立筋がきたえられると、背骨の横の筋肉が盛り上がるため、背骨の上がみぞになっているように見えます。

筋肉が「まっすぐ」を作る！

バレリーナの背中をよく見ると、筋肉がうっすらと盛《も》り上《あ》がっています。これは、「**脊《せき》柱《ちゅう》起《き》立《りつ》筋《きん》**」と「**広《こう》背《はい》筋《きん》**」という筋肉。バレエでよく「背《はい》筋《きん》」といわれるのは、このふたつの筋肉のことです。

脊柱起立筋は、背骨のまわりにくっついている筋肉。背骨は、小さな骨が積み木のようにつながってできています。その小さな骨どうしをつないでいるのがこの筋肉です。バレエを踊るときは、脊柱起立筋と腹筋を使って、意識的に背骨を引き上げ、**S字のカーブ**をまっすぐにします。レッスンで先生がよくいう「体を引き上げて」というのは、この状態のことなんです。

広背筋は、脊柱起立筋が支えている背骨と、大《だい》円《えん》筋《きん》（わきの下の筋肉）と連なって腕の骨を結び、骨盤とも連なる筋肉です。バレエでは、**上体をまっすぐにたもつ**ために使われます。腕を動かしたり、脚を上げたりするときに、上体がぐらぐらしないよう、背骨と腕や腰とをがっちりつないで支えてくれます。よく「背中から腕を使って」といわれますが、背中と腕はほんとうにつながっているんですね。

まっすぐに立ったり、腕を動かしたり……レッスンをすれば、いつもしぜんに使っている脊柱起立筋と広背筋。正しい使い方を意識したレッスンを積み重ねていけば、バレリーナらしいまっすぐな背中を手に入れられますよ！

腕立てふせ

肘《ひじ》をのばすときに、背中でピンと張るのが**広背筋**です。

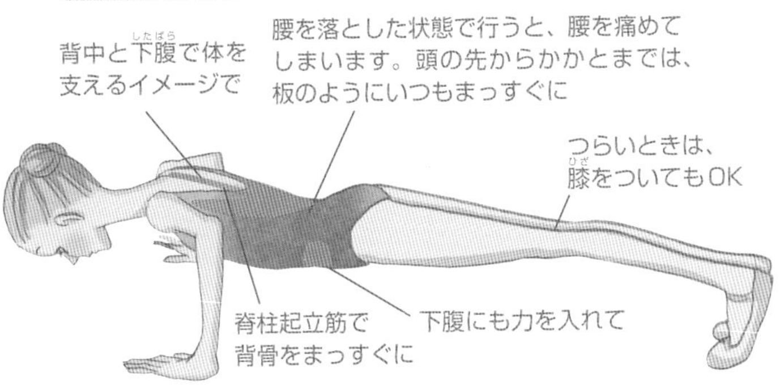
背中と下腹《したばら》で体を支えるイメージで
腰を落とした状態で行うと、腰を痛めてしまいます。頭の先からかかとまでは、板のようにいつもまっすぐに
つらいときは、膝《ひざ》をついてもOK
脊柱起立筋で背骨をまっすぐに
下腹にも力を入れて

❶床にうつぶせになって、胸の横に手をつく。肘をのばし、つま先を立てて、頭の先からかかとまでをまっすぐにする。
❷わきをしめて肘を90度に曲げる。
❸肘をのばして①の姿勢にもどる。

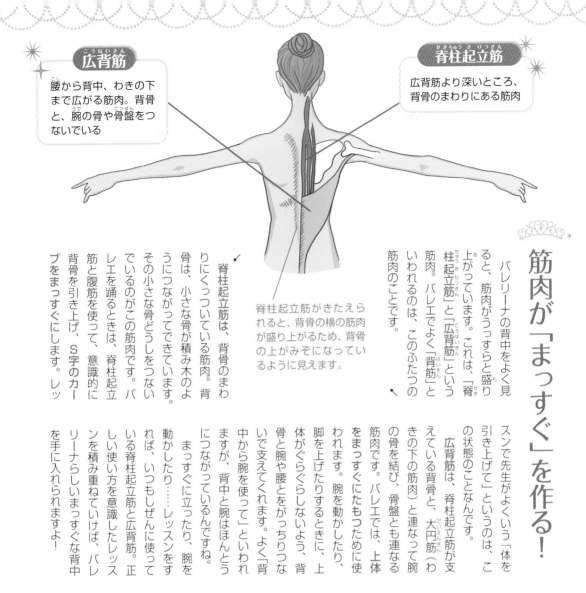

いつものレッスン ここをチェック!

レッスンでなにげなく使っている背中。
使い方を意識して、
もっと効果的《こうかてき》にきたえましょう!

まっすぐに立つ

おなかが出たり、あごが上がったり……まっすぐ立つのはむずかしい！　でも、正しく立とうとすることで、背筋がきたえられ、まっすぐな背すじが作られていきます。

背筋をきたえるまっすぐな立ち方

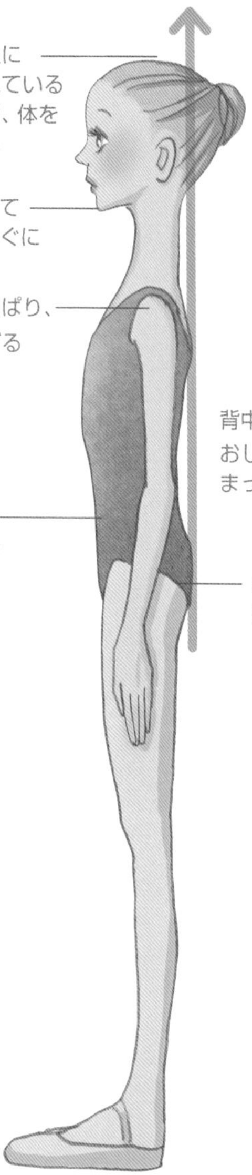

つむじが上に引っぱられているイメージで、体を引き上げる
あごを引いて首をまっすぐに
肩は左右に引っぱり、肩甲骨《けんこうこつ》から下げる
背中を壁《かべ》につけているイメージで、おしりの穴《あな》から首すじまでまっすぐに引き上げて
下腹を引き上げる
おしりはキュッと引き上げる

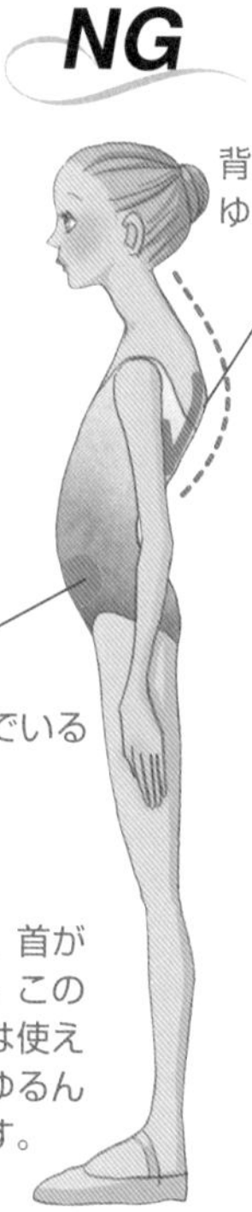

NG
背筋がゆるんでいる
腹筋がゆるんでいる

背中が丸くなり、首が前に出ています。この姿勢では、背筋は使えません。腹筋もゆるんでしまっています。

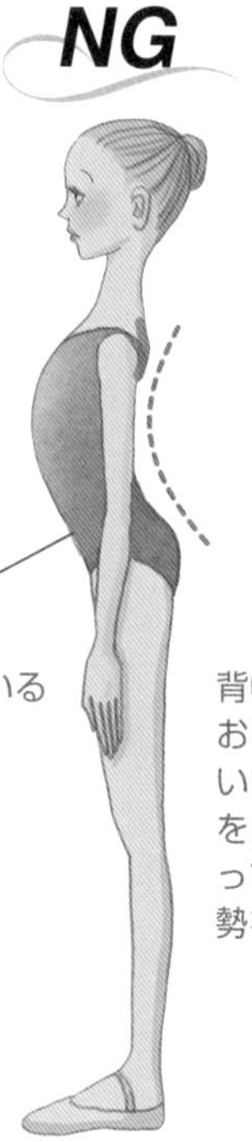

NG
腹筋がゆるんでいる

背中が反って、胸とおしりがつき出ています。背筋と腹筋をバランスよく使って、まっすぐな姿勢を作りましょう。

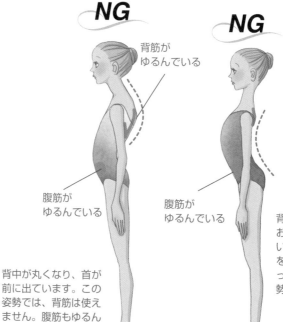

つま先で立つ

つま先で立ってルルヴェするときは、ア・テールで立つときよりもぐらぐらしがち。それを支えようとすることで、背筋はより効果的にきたえられます。

背筋をきたえるルルヴェ

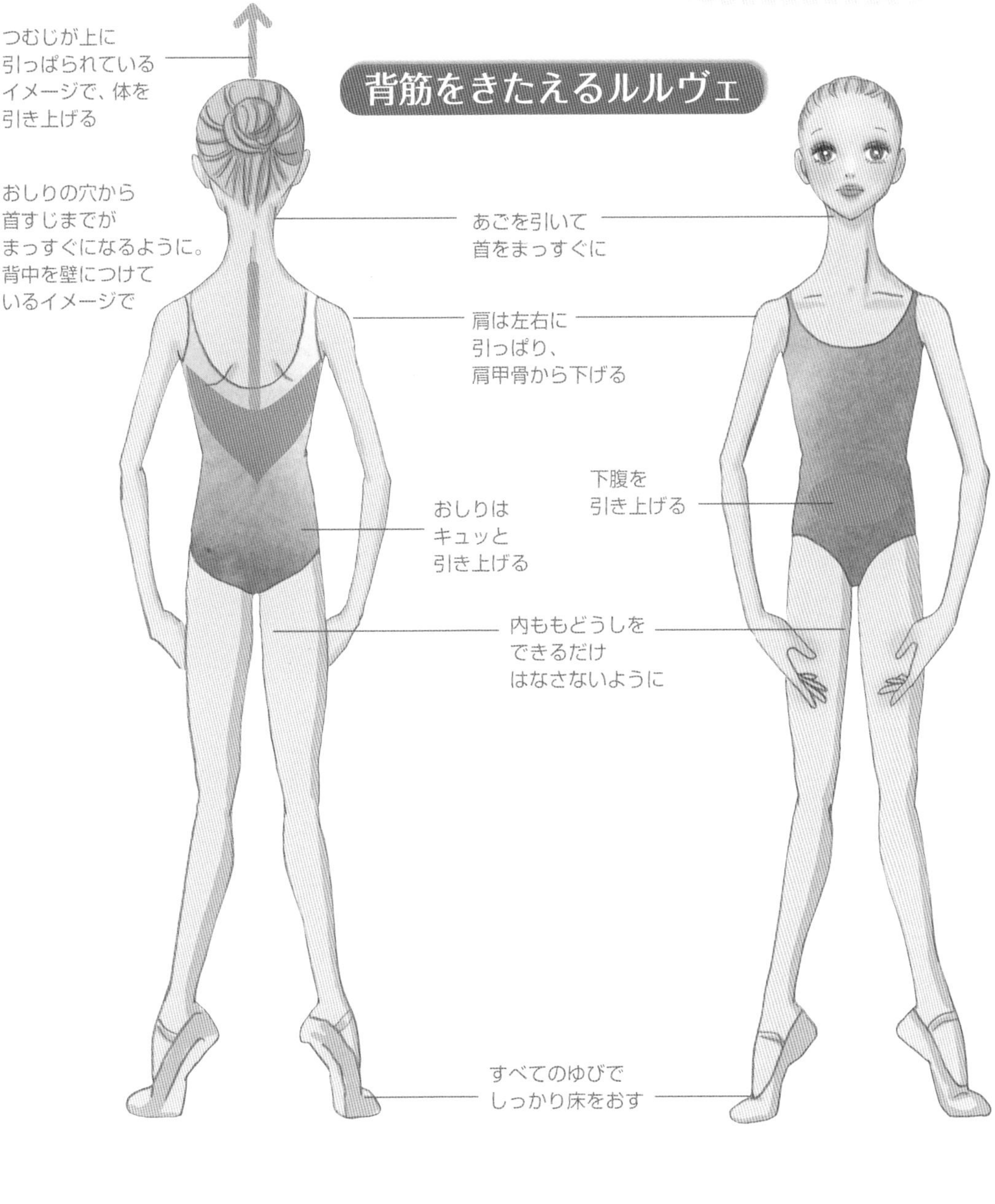

つむじが上に引っぱられているイメージで、体を引き上げる
おしりの穴から首すじまでがまっすぐになるように。背中を壁につけているイメージで
あごを引いて首をまっすぐに
肩は左右に引っぱり、肩甲骨から下げる
下腹を引き上げる
おしりはキュッと引き上げる
内ももどうしをできるだけはなさないように
すべてのゆびでしっかり床をおす

脚を上げる

脚を上げて片脚で立つと、上体はぐらぐら不安定になりがち。そんなときこそ背筋をきたえるチャンスです。上げた脚の側の広背筋を意識して、上体をしっかりと支えましょう。

背筋をきたえるアラベスク

あごを引いて
首はまっすぐ
肩は左右に引き、
肩甲骨から下げる
とくに上げた脚の側の広背筋を意識して、背中を引き上げる。
背中が引き上がるから脚が上がるイメージで
下腹を引き上げる
軸脚のつけ根を
引き上げる

腕を正しいポジションでキープ

腕は正しいポジションをたもちましょう。じつはこれが、広背筋を使うことにもなるのです。広背筋は、二の腕を内側に回して肘を持ち上げると、ピンとはります。肘を落とさないように注意して、背中から大きく腕を使いましょう。

背筋をきたえるア・ラ・スゴンド

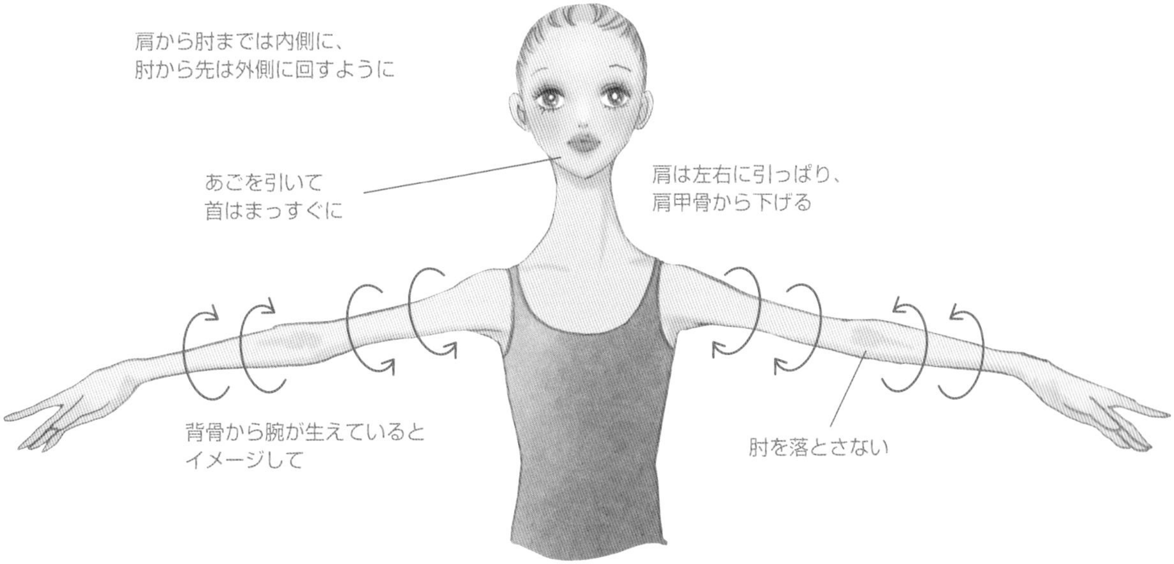
肩から肘までは内側に、
肘から先は外側に回すように
あごを引いて
首はまっすぐに
肩は左右に引っぱり、
肩甲骨から下げる
背骨から腕が生えていると
イメージして
肘を落とさない

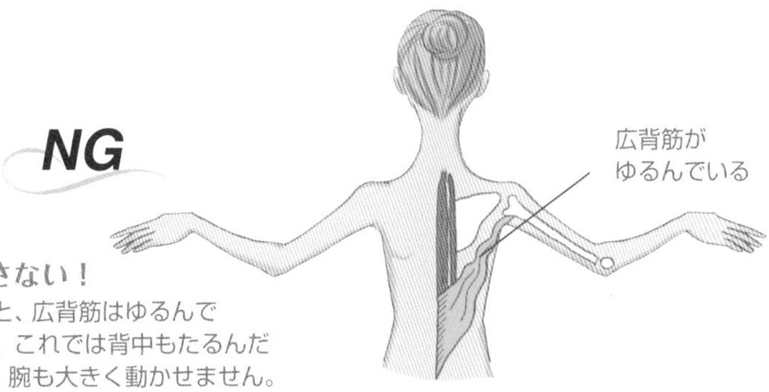
NG
広背筋が
ゆるんでいる

肘を落とさない！

肘を落とすと、広背筋はゆるんでしまいます。これでは背中もたるんだ状態になり、腕も大きく動かせません。

レッスン後の小さな魔法☆

いつでも背中をまっすぐに

レッスンのあいだだけではなく、学校などで机《つくえ》に向かっているときや、おうちでご飯を食べているときも、バレエのまっすぐな背中を思い出して！　あごを引いて、背すじをのばして、おしりをキュッとしめて――いつでもまっすぐな姿勢を心がけましょう。

Lesson 2

引きしまったおなか

丸くぽっこりと出たおなか、気になっていませんか？
バレリーナのおなかは、きれいに引きしまってぺったんこ。
レオタードはもちろん、パンツやスカートも
スッキリと着こなします。
腹筋《ふっきん》をしっかり使って、あなたもほっそりした
ボディラインをめざしましょう！

おなかを引き上げる筋肉

バレリーナの引きしまったおなかのヒミツ、それは、バレエできたえられた腹筋にあります。おなか一帯《いったい》をおおう腹筋が、下腹《したばら》をすっきりと引き上げてくれているのです。

「腹筋」とは、ろっ骨《こつ》（あばら骨《ぼね》）と骨盤《こつばん》のあいだをつなぐ、さまざまな筋肉の総称《そうしょう》です。

実際に見てみると、膜《まく》のようにうすい筋肉ですが、前回紹介した背筋《はいきん》とともに、「上体を引き上げてキープする」大切な役割をもっています。

なかでも、バレエでよく使われるのは、おなかの中央をたてにはしる「腹直筋《ふくちょくきん》」と、その両サイドをななめにはしる「外腹斜筋《がいふくしゃきん》」、その下にある「内腹斜筋《ないふくしゃきん》」という腹筋です。

腹直筋は、寝ている体勢から起き上がるときや、脚を前に上げるときにとくに働く、いちばん皮ふに近いところにある腹筋です。スポーツ選手などは、よく、腹筋が「割れている」といわれますね。それは、腹直筋のすじ（腱画《けんかく》）が見えている状態なのです。外腹斜筋と内腹斜筋は、体をひねったり、横に曲げたりするときによく働く筋肉。ここをきたえると、ウエストに女性らしいくびれができます。

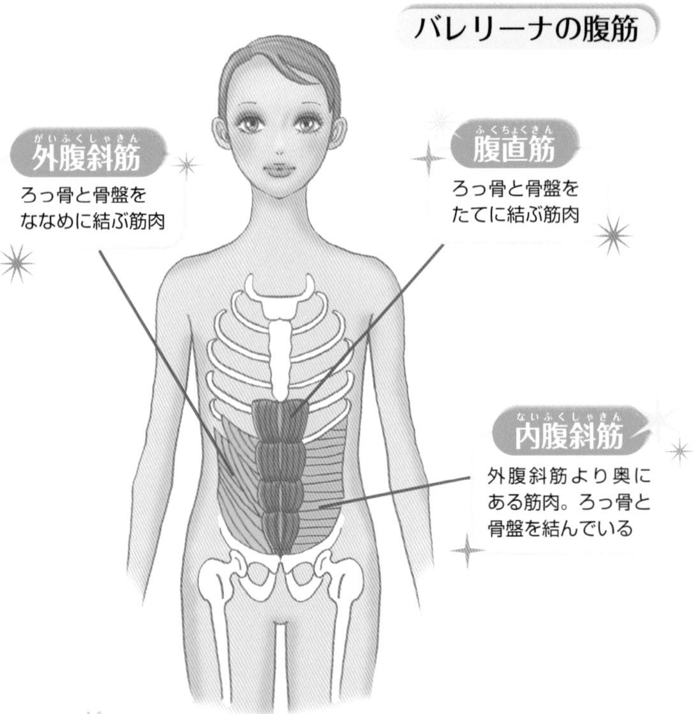

バレリーナの腹筋
外腹斜筋《がいふくしゃきん》
ろっ骨と骨盤を
ななめに結ぶ筋肉
腹直筋《ふくちょくきん》
ろっ骨と骨盤を
たてに結ぶ筋肉
内腹斜筋《ないふくしゃきん》
外腹斜筋より奥に
ある筋肉。ろっ骨と
骨盤を結んでいる

※外膜斜筋と内膜斜筋は左右両ほうにありますが、ここではわかりやすいようにぬき出してかいています

腹筋がないと踊れない！

レッスンでは、「上体を引き上げて」とよくいわれますね。バレエの正しい姿勢《しせい》は、ボディをキュッと小さくまとめ、骨盤から上を、まっすぐに引き上げた状態です。もちろん、下腹も、ぽっこり出ていると体の軸《じく》が曲がってしまいますから、引きしめなければなりません。この姿勢をつくるために、バレエでは腹筋を使っているのです。

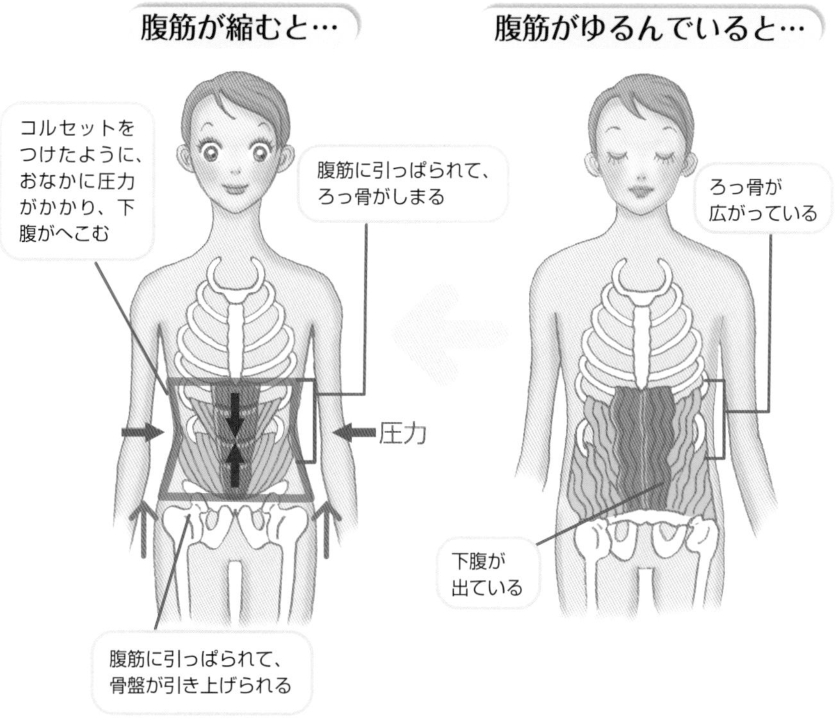
腹筋が縮むと…
コルセットをつけたように、おなかに圧力がかかり、下腹がへこむ
腹筋に引っぱられて、ろっ骨がしまる
圧力
腹筋に引っぱられて、骨盤が引き上げられる
腹筋がゆるんでいると…
ろっ骨が広がっている
下腹が出ている

おなかに力を入れると腹筋が縮《ちぢ》み、腹筋とつながっているろっ骨と骨盤が、おなかの中心に引《ひ》き寄《よ》せられます。すると、ろっ骨がしまり、ボディがキュッと強くまとまります。同時に、骨盤の位置が上がるため、上体が引き上げられるのです。

このように腹筋が働くと、おなか全体に圧力がかかります。腹筋は、キュッと縮むゴムのベルトのようなもの。腹筋が縮むと、まるでおなかに「筋肉のコルセット（ウエストまわりを引きしめる下着のこと）」をつけたような状態になり、下腹もへこむのです。

さらに、ピルエットでも、ジャンプでも、バレエでは、あらゆる動きで腹筋を使います。パ・ド・ドゥを踊るときも、腹筋は大切。腹筋を使えていないと、おなかがふにゃふにゃになってしまい、男性に持ち上げてもらうことができませんね。右のイラストのように美しいポーズをキープするためには、しっかりきたえられた腹筋が必要なのですよ。

本来、バレエのレッスンをしていれば、必要な筋肉は身につくものです。しかし、正しい体の使い方をしていなければ、腹筋は強くなりません。また、まだバレエを始めたばかりで、踊るための腹筋ができていないまま踊っている人もかなりいるようです。これでは、体を正しく使うこともできませんね。

美しく引きしまったおなかを手に入れるために、まずは、正しく体を使ってレッスンしましょう。さらに、もっと腹筋をきたえたい人は、おうちでエクササイズにもチャレンジしてみるとよいですよ。

いつものレッスン ここをチェック！

いつでも、「上体を引き上げる」とイメージして、腹筋をより効果的《こうかてき》にきたえるためのレッスンのやり方を確認しましょう。

おなかを引き上げてプリエ

膝《ひざ》を曲げたり、つま先で立ったり……体が上下に動くと、上体は前後にぐらぐらしがちです。そんなときこそ腹筋をきたえるチャンス！　筋肉のコルセットをイメージして、上体をまっすぐに起こしましょう。

グラン・プリエ

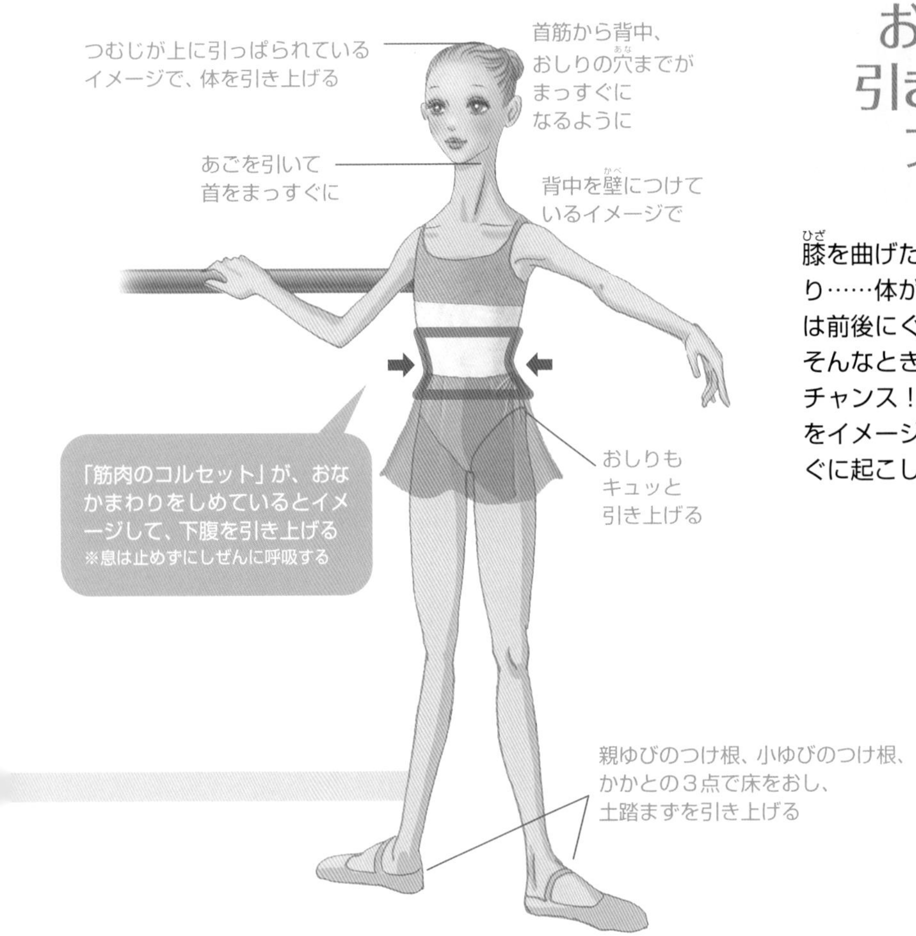

つむじが上に引っぱられているイメージで、体を引き上げる
首筋から背中、おしりの穴《あな》までがまっすぐになるように
あごを引いて首をまっすぐに
背中を壁《かべ》につけているイメージで
「筋肉のコルセット」が、おなかまわりをしめているとイメージして、下腹を引き上げる
※息は止めずにしぜんに呼吸する
おしりもキュッと引き上げる
親ゆびのつけ根、小ゆびのつけ根、かかとの３点で床をおし、土踏まずを引き上げる

① 腕はア・ラ・スゴンドに、脚は第２ポジションにして、まっすぐに立つ

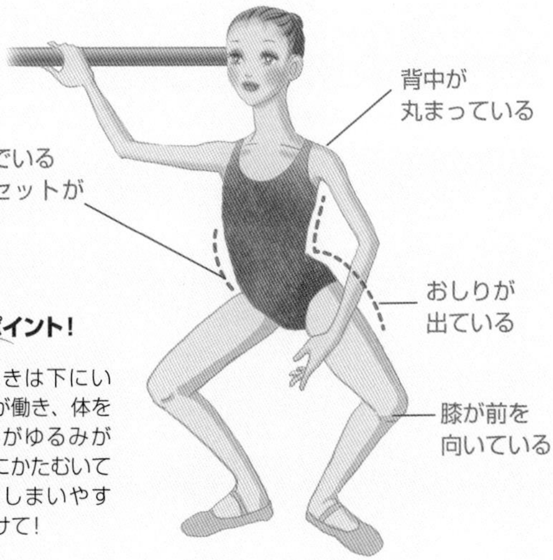
背中が
丸まっている
腹筋がゆるんでいる
（筋肉のコルセットが
はずれている）
おしりが
出ている
膝が前を
向いている

ここが
NGポイント！

プリエするときは下にいこうとする力が働き、体を引き上げる力がゆるみがち。上体が前にかたむいておなかも出てしまいやすいので気をつけて！

プリエしながらどんどんコルセットを引き上げていくイメージで
背中は
まっすぐに
おへそが下を
向かないように
左右の腰骨は
同じ高さに
おしりを
後ろに
つき出さない

② 腕をアン・バーへと動かしながら、
膝を曲げてドゥミ・プリエにする

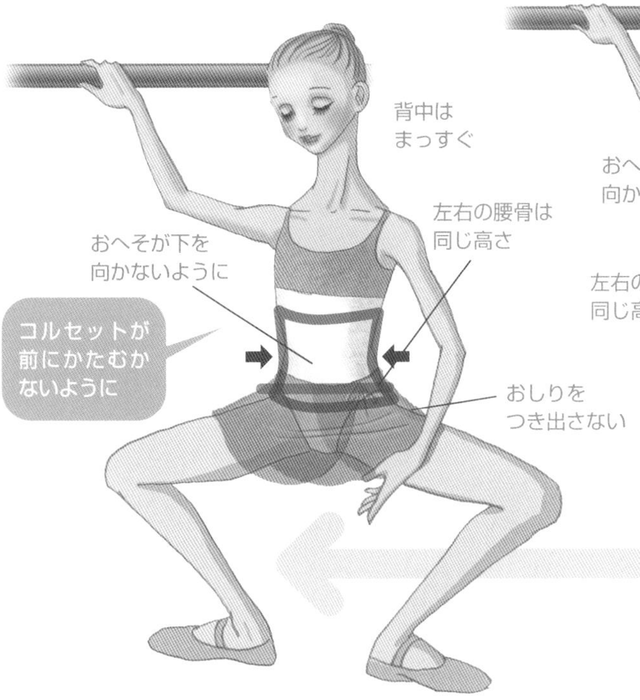
背中は
まっすぐ
左右の腰骨は
同じ高さ
おへそが下を
向かないように
コルセットが
前にかたむかないように
おしりを
つき出さない

③ さらに深く膝を曲げ、
腕はアン・バーにする

おなかを引き上げて脚を上げる

脚を上げるときも、おなかを引きしめるチャンス。
腹筋の力を使って脚を上げるようにしましょう。
ポイントは「おなかで脚をつり上げる」イメージです。

デヴェロッペ

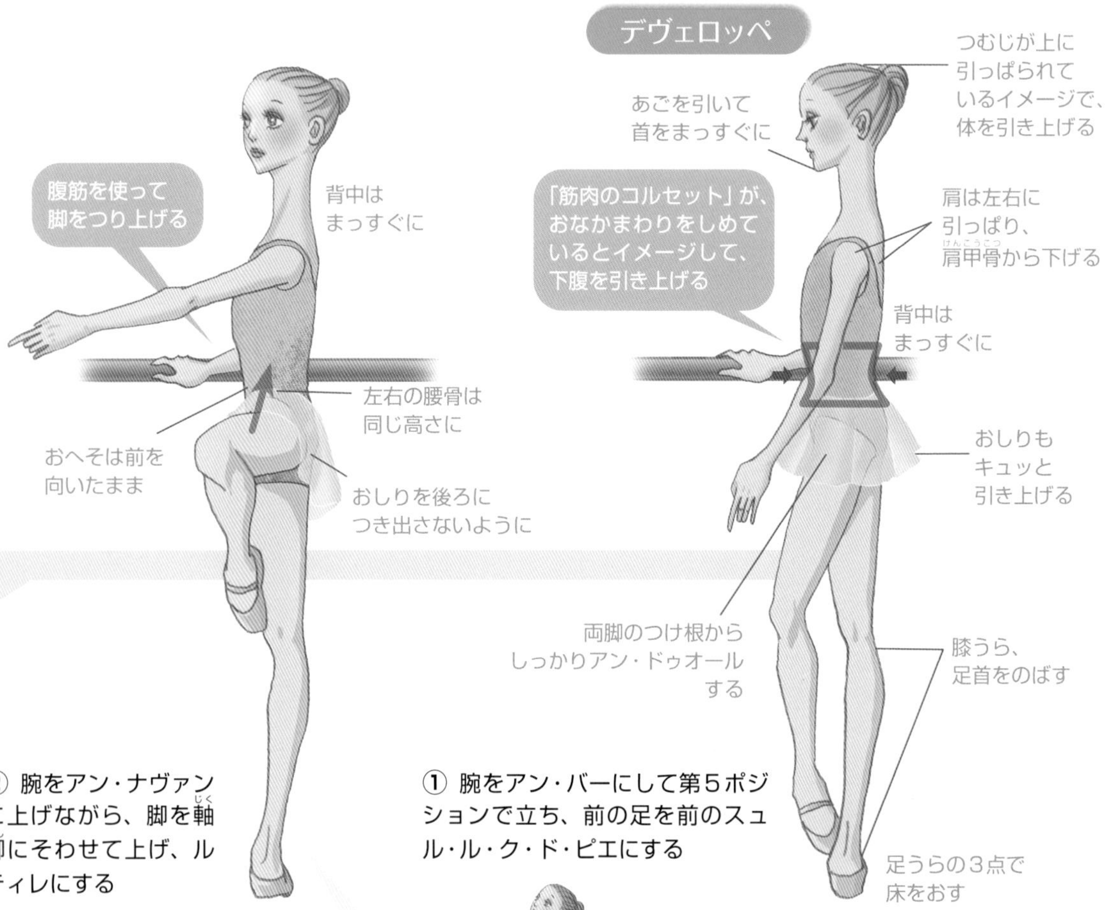

腹筋を使って
脚をつり上げる
背中は
まっすぐに
左右の腰骨は
同じ高さに
おへそは前を
向いたまま
おしりを後ろに
つき出さないように
つむじが上に
引っぱられて
いるイメージで、
体を引き上げる
あごを引いて
首をまっすぐに
「筋肉のコルセット」が、
おなかまわりをしめて
いるとイメージして、
下腹を引き上げる
肩は左右に
引っぱり、
肩甲骨《けんこうこつ》から下げる
背中は
まっすぐに
おしりも
キュッと
引き上げる
両脚のつけ根から
しっかりアン・ドゥオール
する
膝うら、
足首をのばす
足うらの3点で
床をおす

① 腕をアン・バーにして第5ポジションで立ち、前の足を前のスュル・ル・ク・ド・ピエにする

② 腕をアン・ナヴァンに上げながら、脚を軸《じく》脚《あし》にそわせて上げ、ルティレにする

ここがNGポイント!

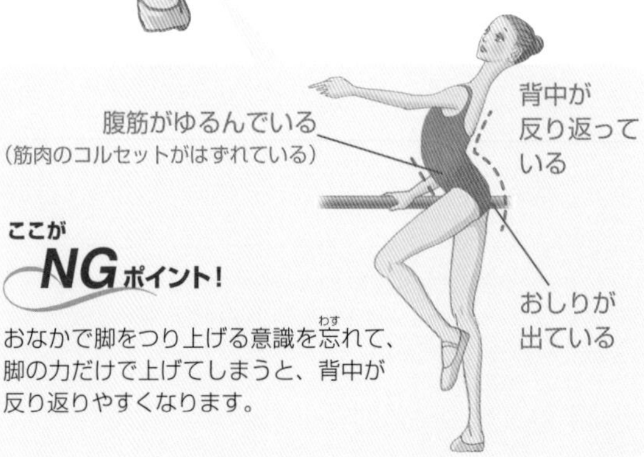

腹筋がゆるんでいる
(筋肉のコルセットがはずれている)
背中が
反り返って
いる
おしりが
出ている

おなかで脚をつり上げる意識を忘《わす》れて、脚の力だけで上げてしまうと、背中が反り返りやすくなります。

★前に出すデヴェロッペ

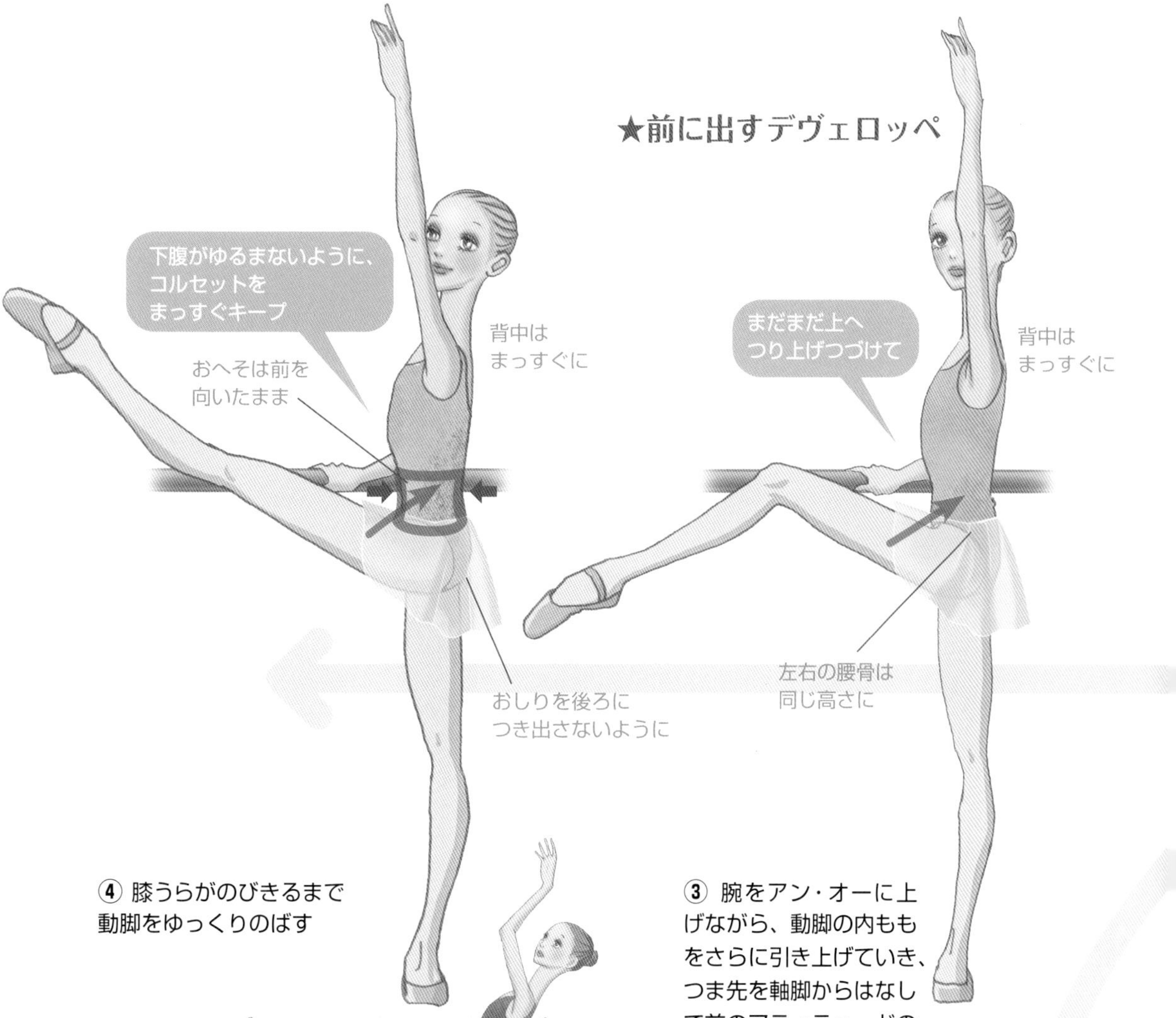

下腹がゆるまないように、
コルセットを
まっすぐキープ
おへそは前を
向いたまま
背中は
まっすぐに
おしりを後ろに
つき出さないように
まだまだ上へ
つり上げつづけて
背中は
まっすぐに
左右の腰骨は
同じ高さに

③ 腕をアン・オーに上げながら、動脚の内ももをさらに引き上げていき、つま先を軸脚からはなして前のアティテュードの位置を通る

④ 膝うらがのびきるまで動脚をゆっくりのばす

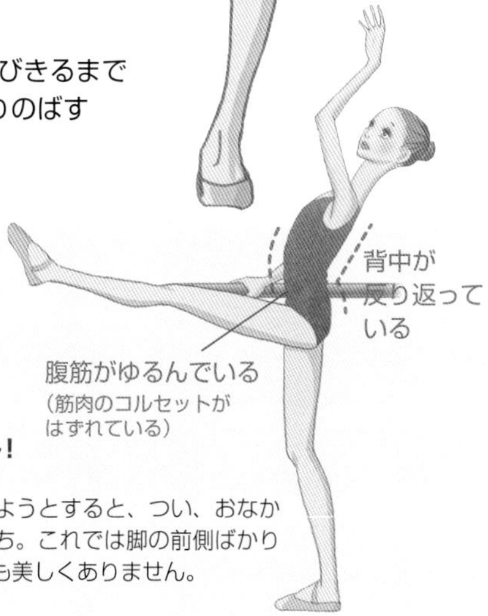

背中が
反り返って
いる
腹筋がゆるんでいる
（筋肉のコルセットが
はずれている）

ここが NGポイント！

脚を無理に高く上げようとすると、つい、おなかを使う意識を忘れがち。これでは脚の前側ばかりに力が入り、ポーズも美しくありません。

横に出すデヴェロッペ
P.20へ

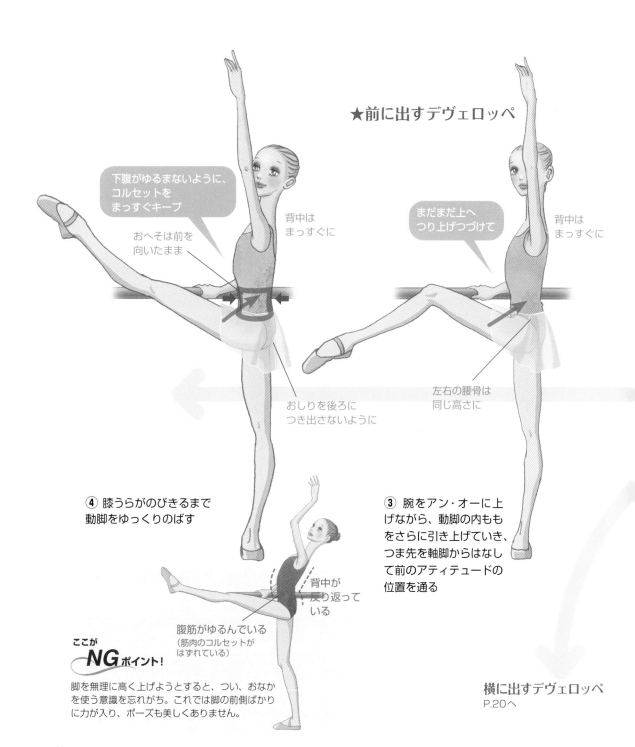

★横に出すデヴェロッペ

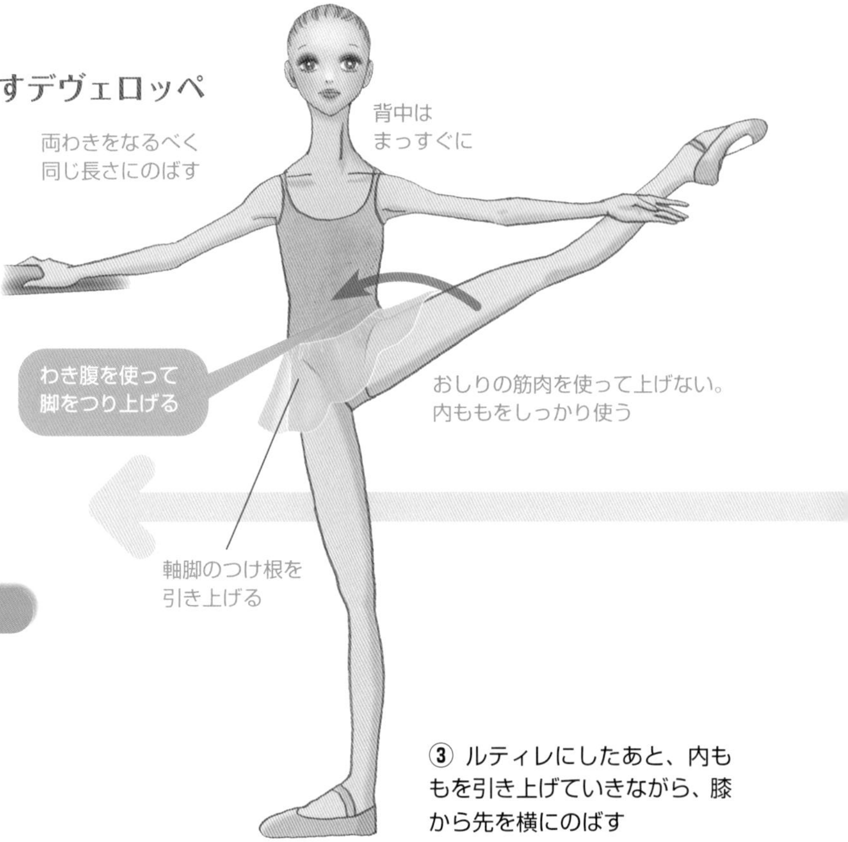
両わきをなるべく
同じ長さにのばす
背中は
まっすぐに
わき腹を使って
脚をつり上げる
おしりの筋肉を使って上げない。
内ももをしっかり使う
軸脚のつけ根を
引き上げる

③ ルティレにしたあと、内ももを引き上げていきながら、膝から先を横にのばす

シャンジュマン

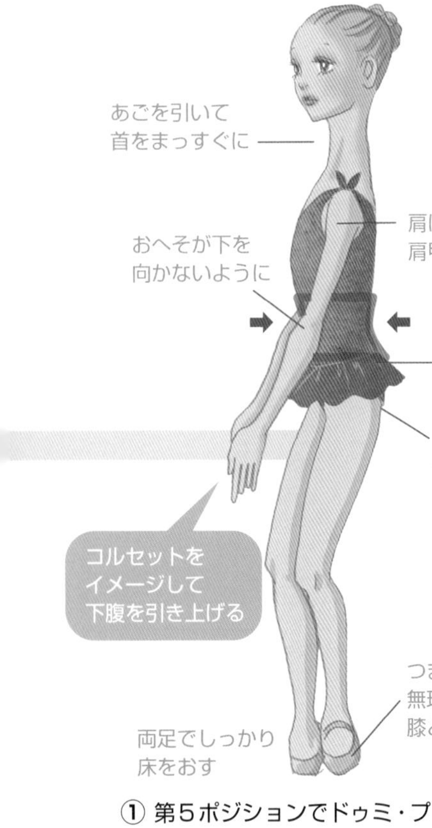
あごを引いて
首をまっすぐに
肩は左右に引っぱり、
肩甲骨から下げる
おへそが下を
向かないように
左右の腰骨は
同じ高さに
おしりを後ろに
つき出さない
コルセットを
イメージして
下腹を引き上げる
つま先は
無理に開かず、
膝と同じ向きに
両足でしっかり
床をおす

① 第5ポジションでドゥミ・プリエする

おなかを引き上げてジャンプ

まっすぐ上にジャンプするためには、プリエ→空中→着地と、いつでも腹筋のコルセットをしめて、上体をまっすぐにたもつことが大切。「まっすぐ」を意識することで、腹筋を効果的にきたえることができます。

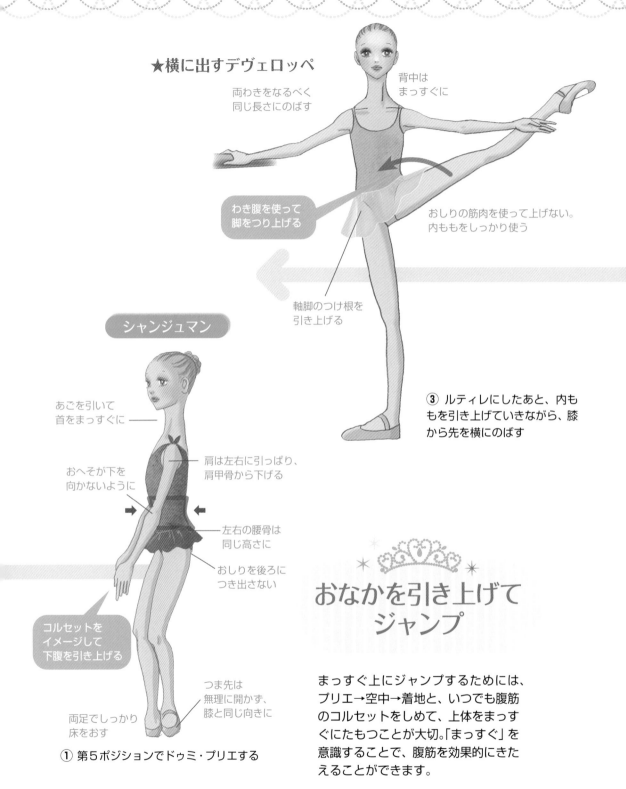

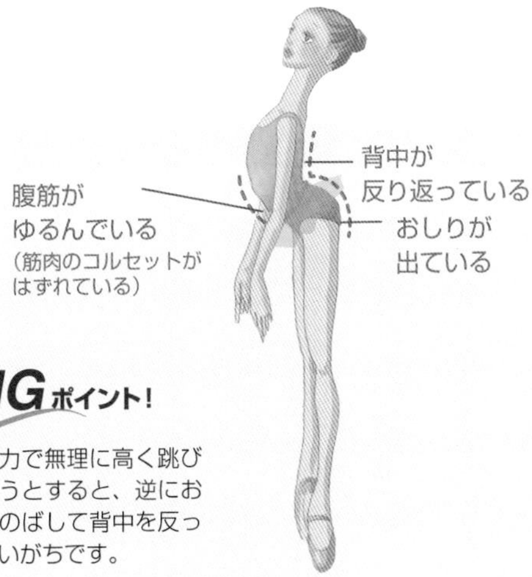
背中が
反り返っている
腹筋が
ゆるんでいる
（筋肉のコルセットが
はずれている）
おしりが
出ている

ここが
NGポイント！

上体の力で無理に高く跳び上がろうとすると、逆におなかをのばして背中を反ってしまいがちです。

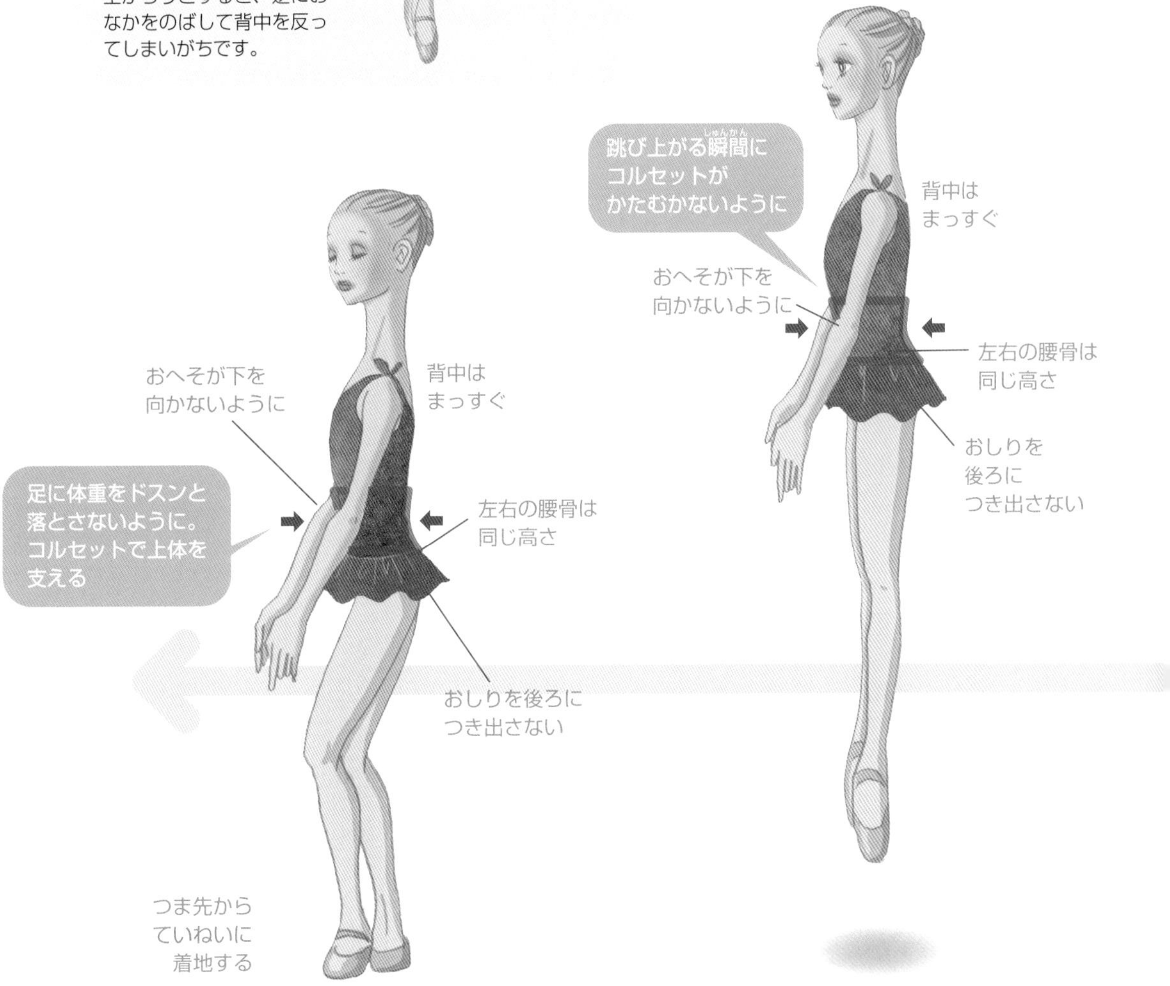
足に体重をドスンと
落とさないように。
コルセットで上体を
支える
おへそが下を
向かないように
背中は
まっすぐ
左右の腰骨は
同じ高さ
おしりを後ろに
つき出さない
つま先から
ていねいに
着地する
跳び上がる瞬間《しゅんかん》に
コルセットが
かたむかないように
背中は
まっすぐ
おへそが下を
向かないように
左右の腰骨は
同じ高さ
おしりを
後ろに
つき出さない

③ 上体を引き上げながら、足を入れかえて第5ポジションのドゥミ・プリエに着地する

② 両足で床をけって真上に跳び上がり、空中で第1ポジションのポアントにする

おうちでもがんばろう！
腹筋エクササイズ！

「腹筋が弱いな」と思う人のためのスペシャルエクササイズ！
背中をまっすぐにしておくことが、効果アップのポイントです。

※エクササイズは、無理をせず少ない回数からはじめて、だんだん回数を増やしていきましょう。
※おなかに力を入れるときも、息は止めずに、しぜんな呼吸をつづけましょう。

exercise 1

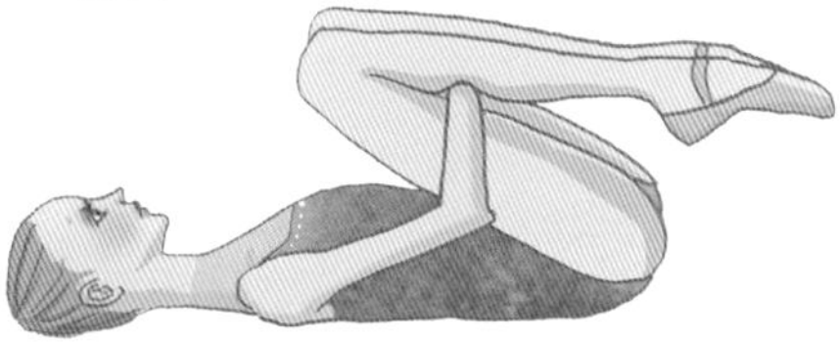

あごを引く
つま先をのばす

① 床にあおむけになり、両膝を曲げて太ももを胸に引き寄せる

コルセットがおなかまわりをしめているとイメージして
背中は板のようにまっすぐにする

② 「1、2」と体を軽く前後にゆらして反動をつけてから、「3」でコロンと起き上がる

※①②を4回ほどくり返す

exercise 2

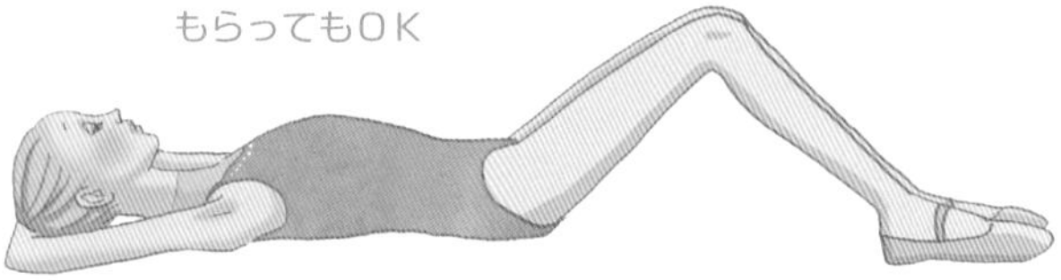

脚は、ほかの人におさえてもらってもOK

① 床にあおむけになり、両脚を肩幅に開いて膝を立てる。手は頭の後ろで組む

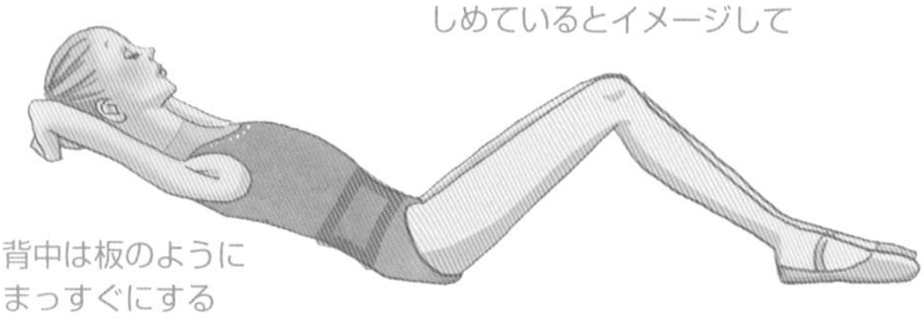

起き上がる高さは、できるところまででOK
コルセットがおなかまわりをしめているとイメージして
背中は板のようにまっすぐにする

② 腹筋に力を入れて、ゆっくり上体を起こし、10秒ほどキープする

※①②を20回ほどくり返す

できない人は…

両腕を体の横にのばして、腕が遠くに引っぱられるような意識で上体をもち上げる

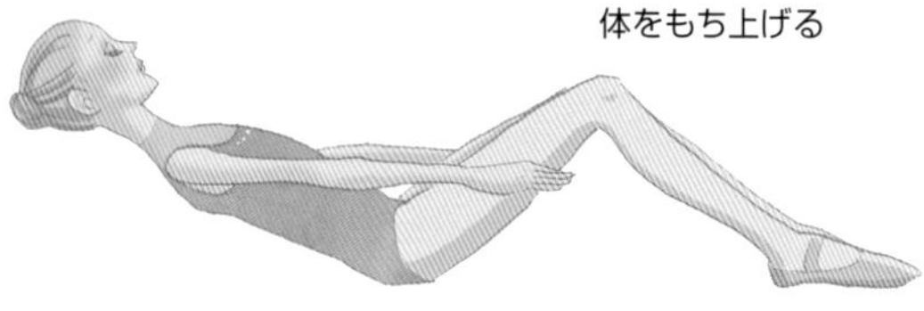

exercise 3

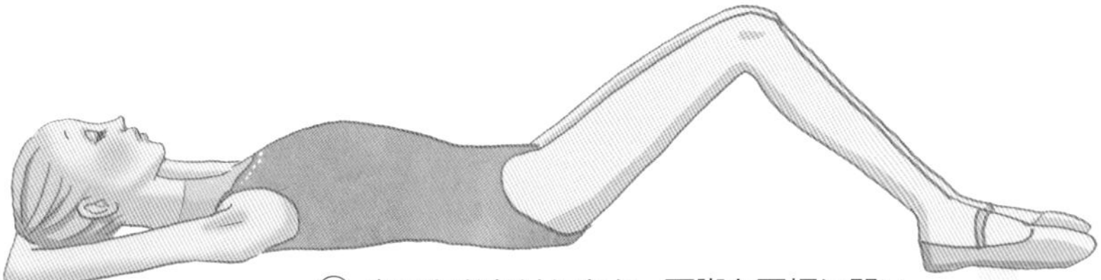
脚は、ほかの人に
おさえてもらってもOK

① 床にあおむけになり、両脚を肩幅に開いて膝を立てる。手は頭の後ろで組む

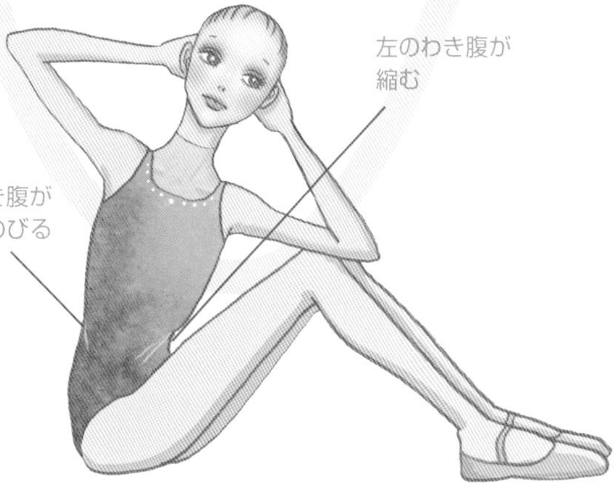
背中はまっすぐにする
左のわき腹が
縮む
右のわき腹が
のびる

② 腹筋に力を入れて、右膝に向かってななめに起き上がり、左肘《ひじ》と右膝をくっつける

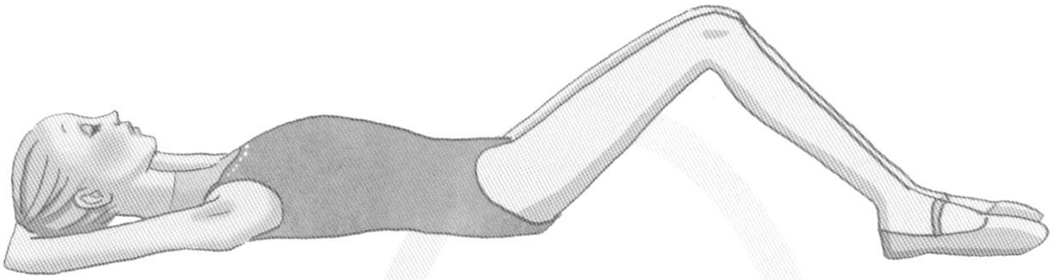

③ ①の姿勢にもどる

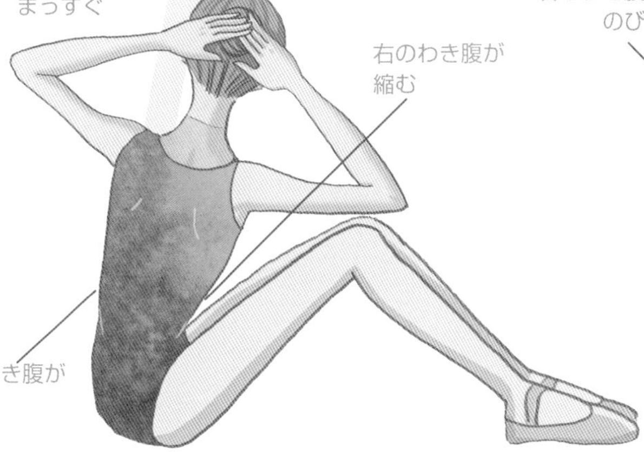
背中は
まっすぐ
右のわき腹が
縮む
左のわき腹が
のびる

④ 腹筋に力を入れて、左膝に向かってななめに起き上がり、右肘と左膝をくっつける

※①～④を10回ほどくり返す

レッスン後の
小さな魔法

体育座りも美しく

学校の集会などで長時間「体育座り」をしているとき、背中を丸めていませんか？　そんなときは、「筋肉のコルセット」を思い出して、おなかをキュッと引き上げましょう。背中や首もまっすぐにのばし、おしりも引きしめて。腹筋がきたえられ、さらに座っている姿も美しく見えますよ★

Lesson 3

キュッと上がった おしり

パンツをはいたときのおしりのラインや、
レオタードからはみ出たおしり、
気になっていませんか？
ダンサーのおしりは、
丸く引きしまってかっこいい！
キュッと上がったヒップラインは、
脚も長く見せてくれます。
いつものレッスンを効果的《こうかてき》に使って、
さあ、おしりをシェイプアップ！

おしりの形は筋肉で決まる!

バレリーナのおしりは、上に丸く盛り上がった、きれいな形をしていますね。これは、おしりの筋肉（殿筋《でんきん》）が、よくきたえられているからです。

おしりのシルエットを決めるのは、「**中殿筋**《ちゅうでんきん》」と「**大殿筋**《だいでんきん》」という、ふたつの殿筋です。

中殿筋は、骨盤《こつばん》と脚のつけ根をつなぐ筋肉で、おしりの上部についています。厚《あつ》い筋肉なので、ここをきたえると、おしりの上のほうに丸くボリュームが出て、キュッとヒップアップして見えるのです。**中殿筋**は、**骨盤を支える働き**をし、歩いたり走ったりするときや、片脚を上げるときなどに使われます。

大殿筋は、骨盤と大腿骨《だいたいこつ》（太ももの骨）をつなぐうすい筋肉です。おしり全体を広くおおっていて、皮ふにいちばん近いところにあります。おしりがたれ下がっている人は、ここがゆるんでしまっているのですよ。**大殿筋は、骨盤と太ももを近づける働き**をし、座った状態から立ち上がるときや、脚を後ろに上げるときなどに使われます。

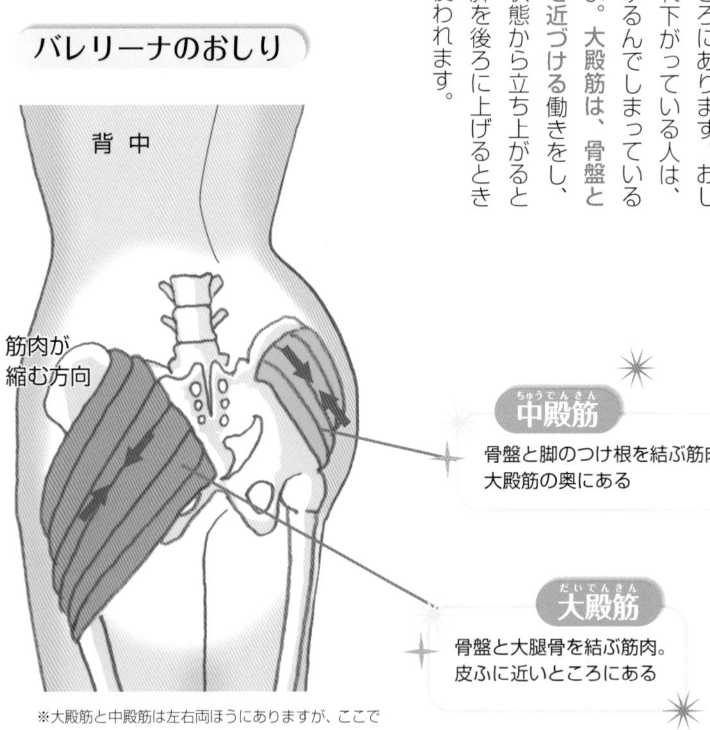

バレリーナのおしり
背中
筋肉が
縮む方向
中殿筋《ちゅうでんきん》
骨盤と脚のつけ根を結ぶ筋肉。
大殿筋の奥にある
大殿筋《だいでんきん》
骨盤と大腿骨を結ぶ筋肉。
皮ふに近いところにある

※大殿筋と中殿筋は左右両ほうにありますが、ここではわかりやすいようぬき出してかいています

バレエとおしりの深い関係

おしりの筋肉は、バレエを踊るときにも大活躍《だいかつやく》。とくに、アン・ドゥオールするときと、片脚を上げて立つとき（とくに後ろに脚を上げるとき）に、よく使われます。

右ページの図のように、中殿筋や大殿筋は、骨盤の後ろ側の中心部と、大腿骨の外側サイドを結んでいます。ですから、おしりを引きしめて筋肉が縮《ちぢ》むと、脚が外回りに引っぱられるのです。つまり、おしりの筋肉を使うということは、脚をアン・ドゥオールすることにもなるのですよ。

脚を上げるときのことも考えてみましょう。ふだん両脚で立つときは、2本の脚で、その上に乗っている骨盤を支えています。ですから、片ほうの脚を上げれば、骨盤はいっぽうの支えを失うことになり、ぐらぐらゆれてしまいそうなものですね。それをふせいでくれるのが、軸《じく》脚側《あしがわ》の中殿筋。骨盤がガクンとかたむかないように、軸脚のつけ根にしっかりと固定して、支えているのです。

また、上げるほうの脚では、まず、中殿筋が太もものつけ根をしっかり支えます。そして、中殿筋にかぶさるように骨盤と大腿骨を結んでいる大殿筋が、キュッと縮んで、脚をつり上げます。つまり、おしりの筋肉は、骨盤をまっすぐにたもつことと、脚を上げること、両ほうの働きをしているのですね。

片脚を上げるとき

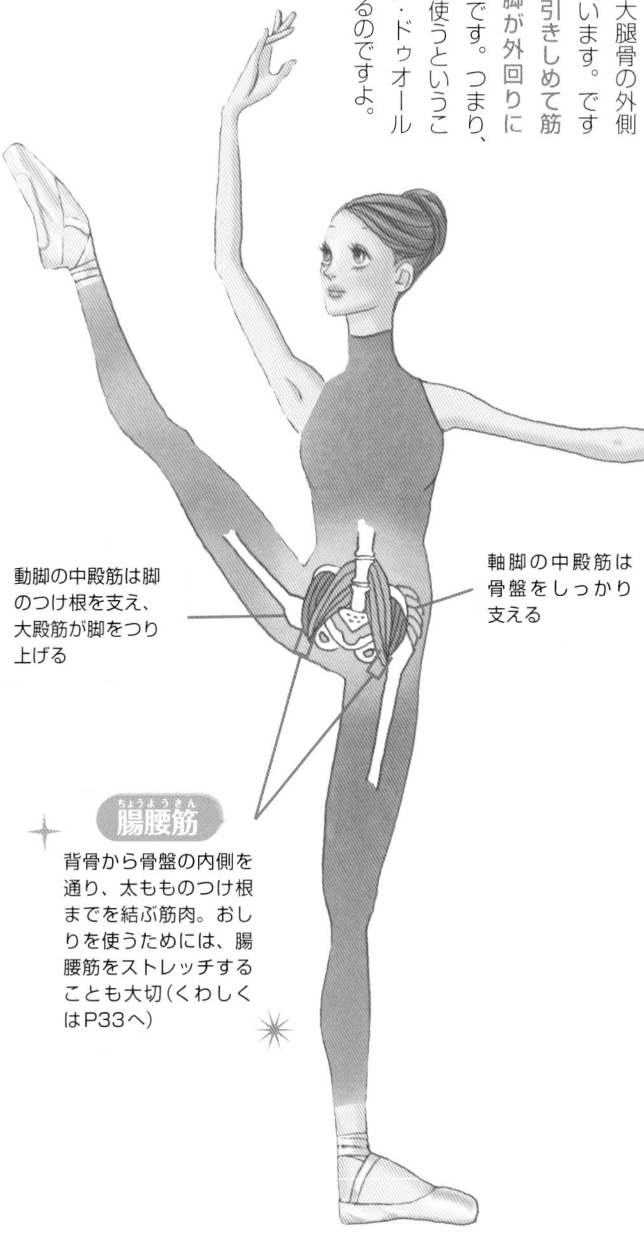
動脚の中殿筋は脚のつけ根を支え、大殿筋が脚をつり上げる
軸脚の中殿筋は骨盤をしっかり支える
腸腰筋《ちょうようきん》
背骨から骨盤の内側を通り、太もものつけ根までを結ぶ筋肉。おしりを使うためには、腸腰筋をストレッチすることも大切（くわしくはP33へ）

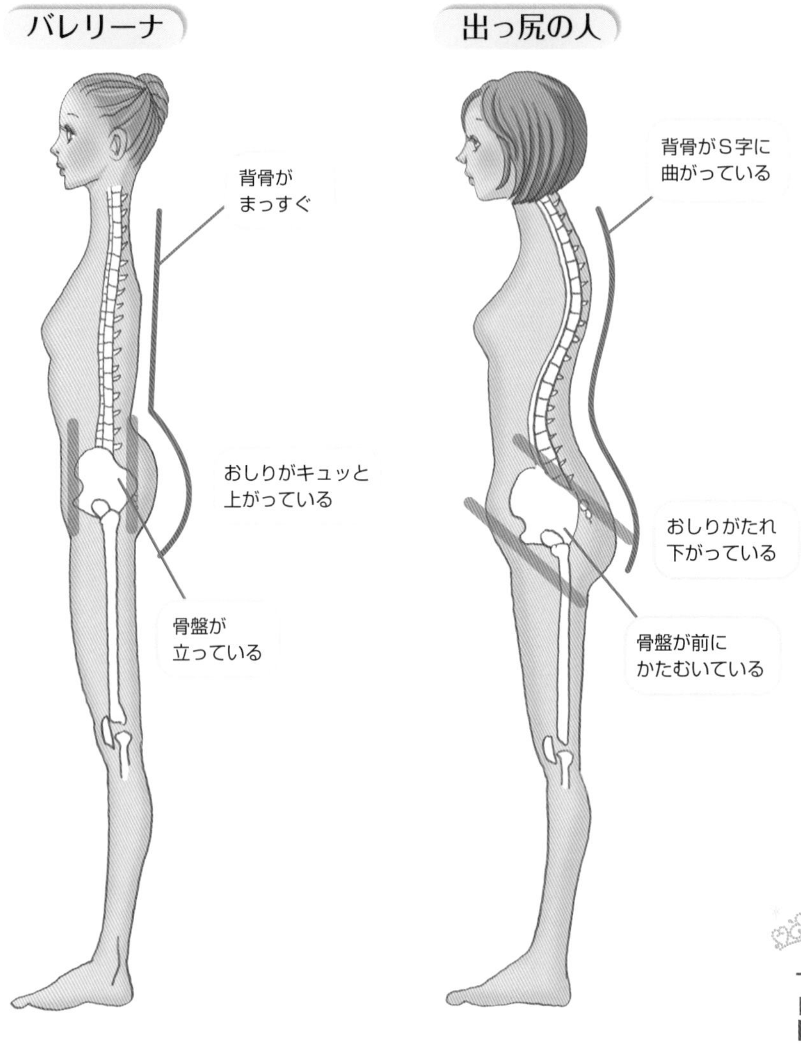
バレリーナ
出っ尻の人
背骨が
まっすぐ
おしりがキュッと
上がっている
骨盤が
立っている
背骨がS字に
曲がっている
おしりがたれ
下がっている
骨盤が前に
かたむいている

「出《で》っ尻《ちり》」に注意！

あなたは、レッスン中に、「おしりが出てるよ！」と注意されたことはありませんか？それは、骨盤が前にたおれて、おしりが後ろにつき出ているということ。右図の「出っ尻の人」のような状態ですね。このような姿勢《しせい》だと、おしりの筋肉にはまったく力が入りません。

おしりの筋肉を使うためには、全身をまっすぐにすることが大切です。つまり、**背筋《はいきん》と腹筋《ふっきん》に力を入れて、背骨《せぼね》のS字をまっすぐにし、骨盤を立てようと意識すること。**これは、バレエの正しい姿勢そのものですね。

バレエを美しく踊ることは、おしりをきたえることにもなります。まっすぐ立って、しっかりアン・ドゥオールして、どんどんおしりを使ってくださいね！

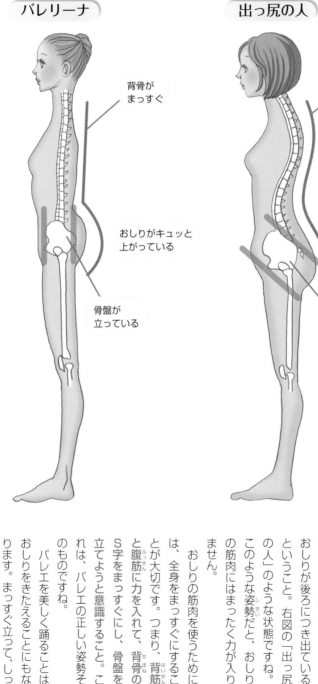

いつものレッスン ここをチェック！

レッスンでは、おしりを使うチャンスがいっぱい☆
より効果的に使うためのポイントを確認しましょう！

おしりをしめて アン・ドゥオール する

おしりをキュッとしめて脚を第1ポジションに開きましょう。おしりがきたえられるだけでなく、脚のつけ根からしっかりアン・ドゥオールすることができますよ。

第1ポジションに開く

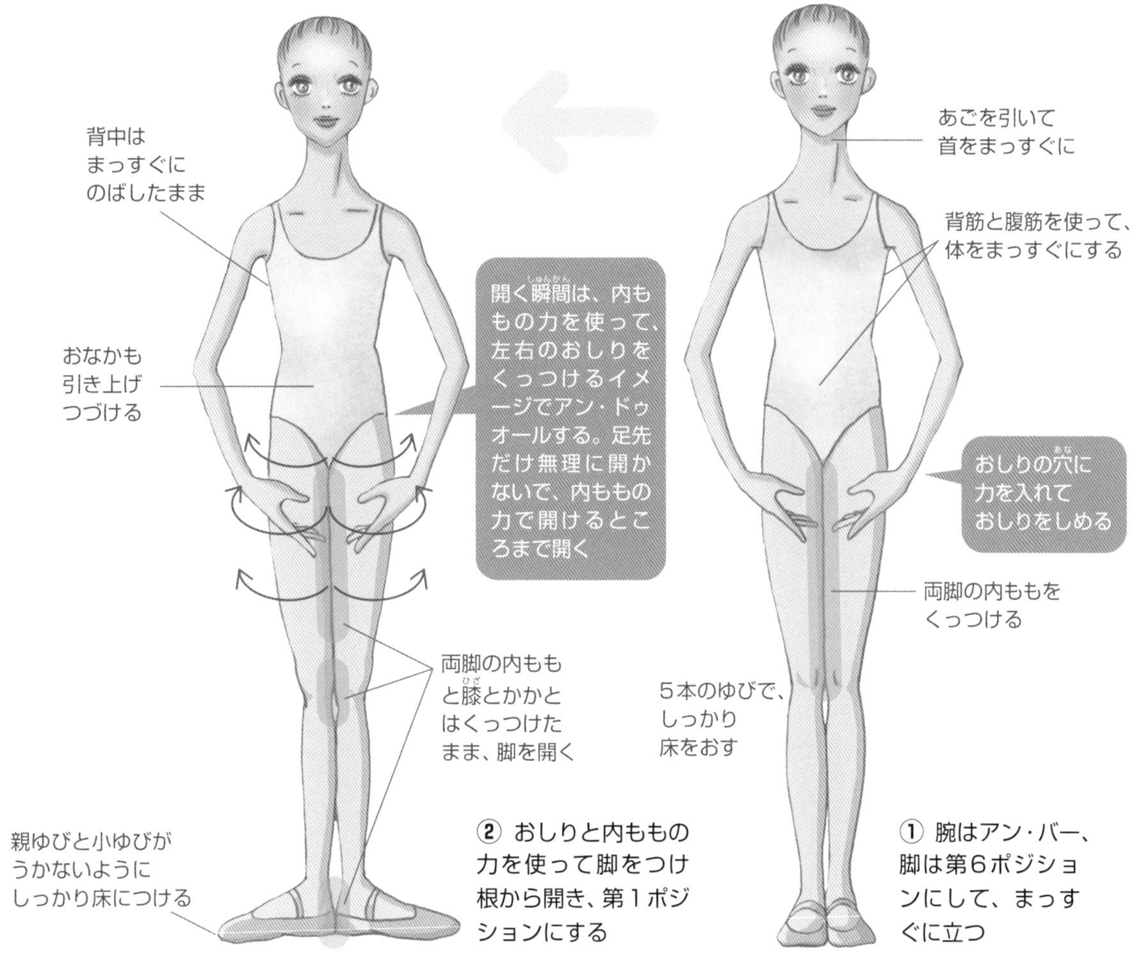

あごを引いて
首をまっすぐに
背筋と腹筋を使って、
体をまっすぐにする
おしりの穴《あな》に
力を入れて
おしりをしめる
両脚の内ももを
くっつける
5本のゆびで、
しっかり
床をおす
背中は
まっすぐに
のばしたまま
おなかも
引き上げ
つづける
開く瞬間《しゅんかん》は、内ももの力を使って、左右のおしりをくっつけるイメージでアン・ドゥオールする。足先だけ無理に開かないで、内ももの力で開けるところまで開く
両脚の内もも
と膝《ひざ》とかかと
はくっつけた
まま、脚を開く
親ゆびと小ゆびが
うかないように
しっかり床につける

① 腕はアン・バー、脚は第6ポジションにして、まっすぐに立つ

② おしりと内ももの力を使って脚をつけ根から開き、第1ポジションにする

パ・ド・ブーレ

せっかくアン・ドゥオールしていても、パ・ド・ブーレなど横に移動する動きでは、つい、力がぬけてしまいがち。両脚の内ももがはなれないよう意識すると、さらにおしりがきたえられます。

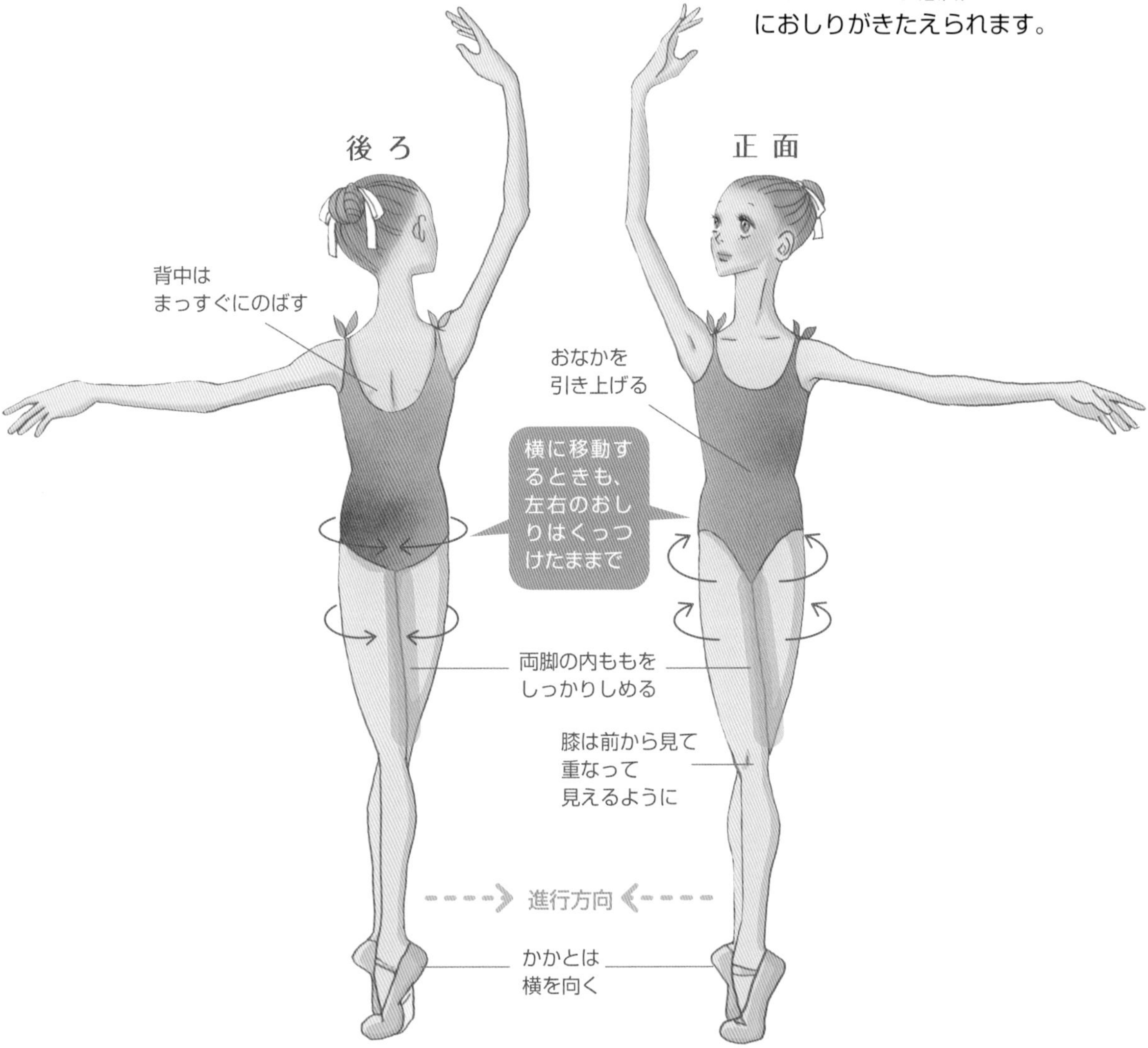
後 ろ
正 面
背中は
まっすぐにのばす
おなかを
引き上げる
横に移動するときも、左右のおしりはくっつけたままで
両脚の内ももを
しっかりしめる
膝は前から見て
重なって
見えるように
進行方向
かかとは
横を向く

第5ポジションのドゥミ・ポアントに立つ。後ろの脚を進行方向に出し、膝と足首を使って、小きざみに進んでいく

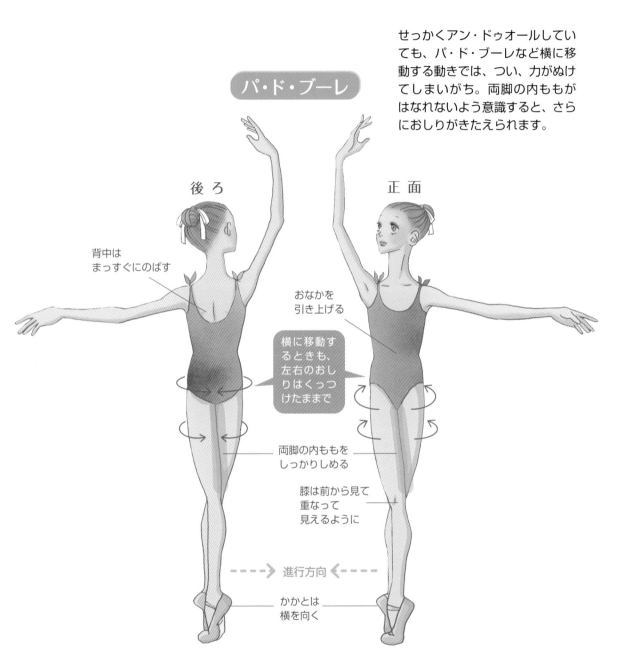

おしりを意識して プリエする

プリエから膝をのばしていく動きでは、大殿筋がきたえられます。また、プリエをするときに、骨盤が前後にかたむかないよう支えることにも、おしりが使われます。

ドゥミ・プリエ

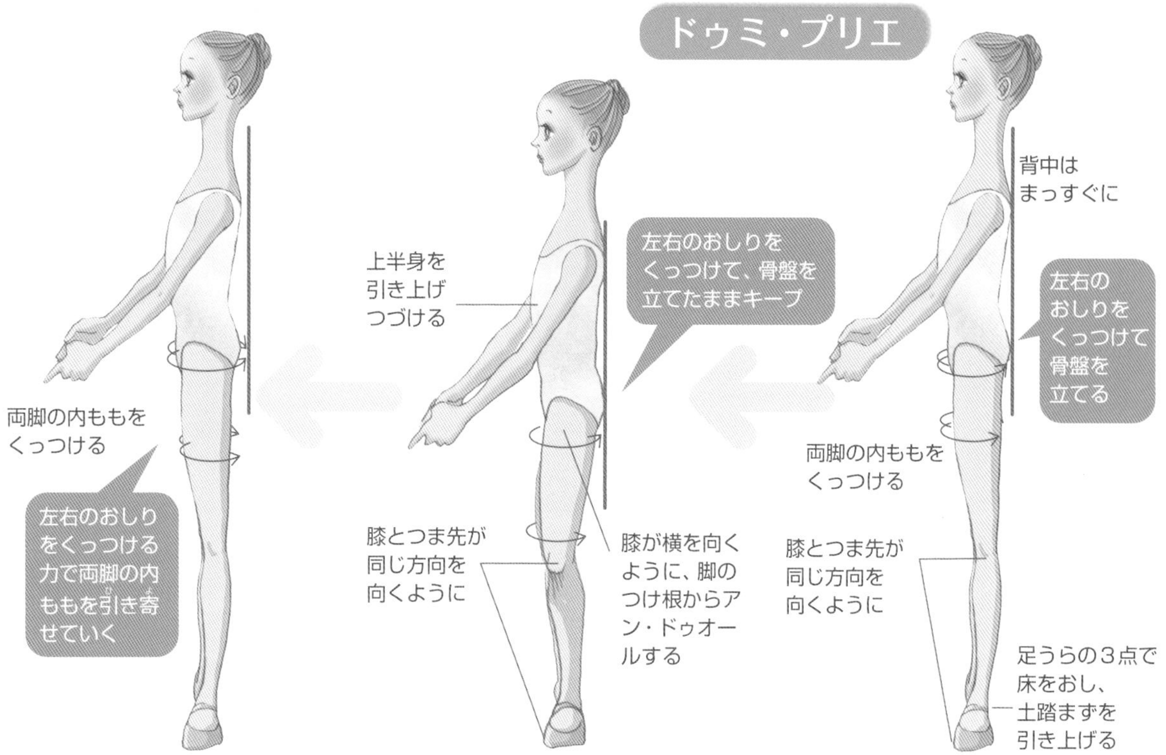
背中は
まっすぐに
左右の
おしりを
くっつけて
骨盤を
立てる
両脚の内ももを
くっつける
膝とつま先が
同じ方向を
向くように
足うらの３点で
床をおし、
土踏まずを
引き上げる
上半身を
引き上げ
つづける
左右のおしりを
くっつけて、骨盤を
立てたままキープ
膝とつま先が
同じ方向を
向くように
膝が横を向く
ように、脚の
つけ根からア
ン・ドゥオー
ルする
両脚の内ももを
くっつける
左右のおしり
をくっつける
力で両脚の内
ももを引《ひ》き寄《よ》
せていく

① 腕をアン・バーにして、第1ポジションで立つ

② かかとが床からうくぎりぎりのところまで、膝を曲げていく

③ 床をしっかりおしながら、膝をのばして①にもどる

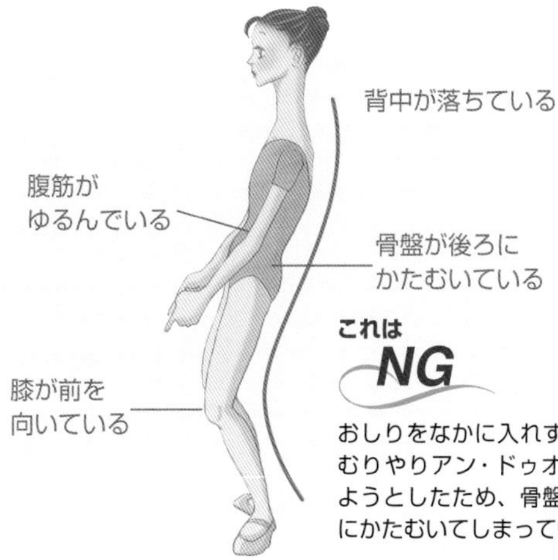
背中が落ちている
腹筋が
ゆるんでいる
骨盤が後ろに
かたむいている
膝が前を
向いている

これは NG

おしりをなかに入れすぎたり、むりやりアン・ドゥオールしようとしたため、骨盤が後ろにかたむいてしまっている

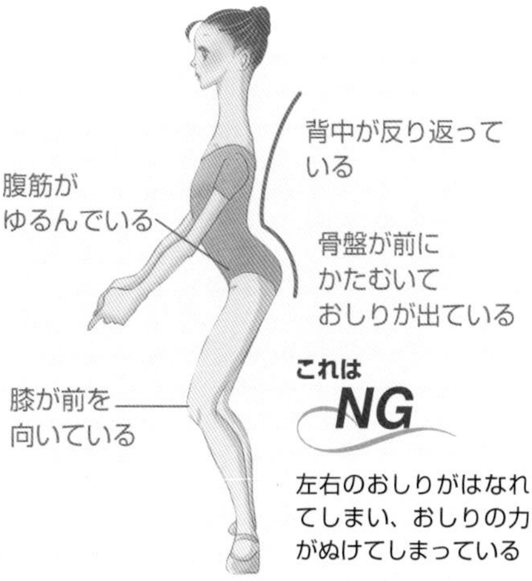
背中が反り返って
いる
腹筋が
ゆるんでいる
骨盤が前に
かたむいて
おしりが出ている
膝が前を
向いている

これは NG

左右のおしりがはなれてしまい、おしりの力がぬけてしまっている

おしりをしめて片脚を上げる

おしりをきたえるいちばんの方法は、片脚を上げて立つこと。とくに、後ろに脚を上げる動きは、ヒップアップ効果バツグンです！　片脚で立つことにより、軸脚側の筋肉もきたえられます。

アティテュード

腕はアン・オーにして片脚で立ち、もう片ほうの脚を後ろに上げて膝を曲げる

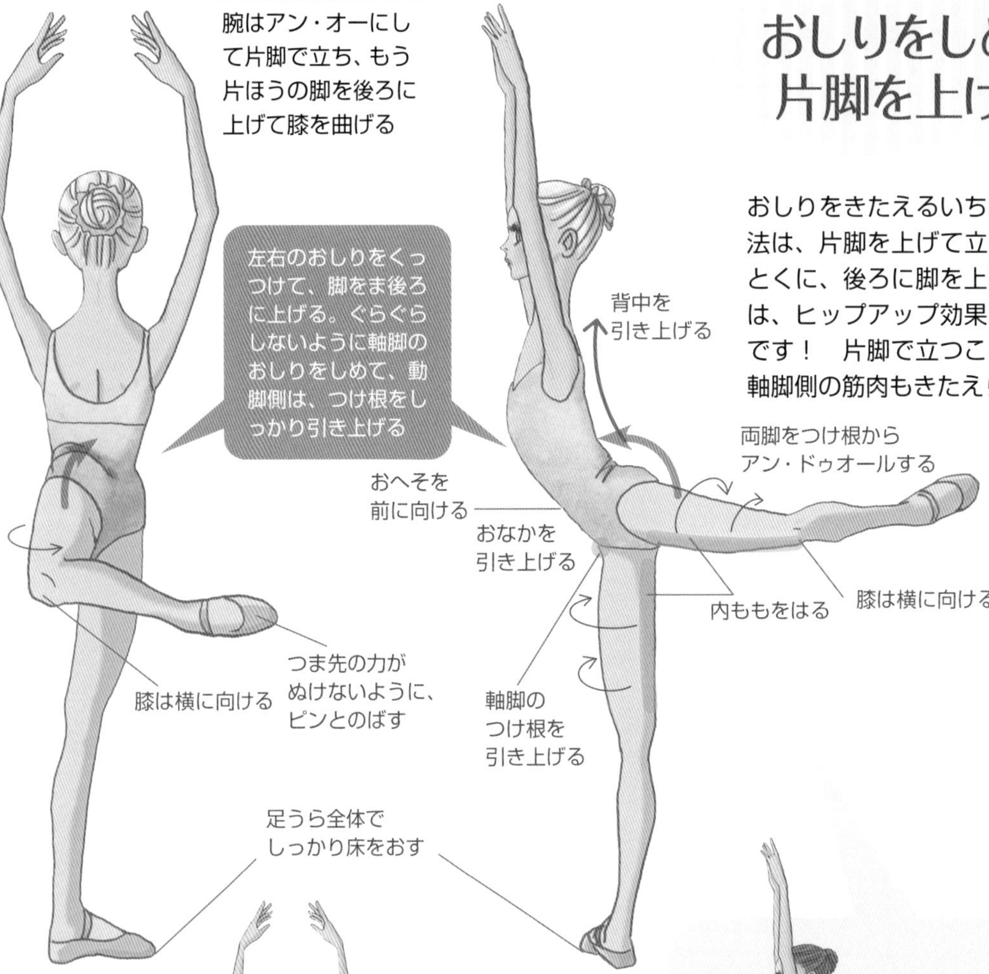

後ろ
横
左右のおしりをくっつけて、脚をま後ろに上げる。ぐらぐらしないように軸脚のおしりをしめて、動脚側は、つけ根をしっかり引き上げる
背中を引き上げる
両脚をつけ根からアン・ドゥオールする
おへそを前に向ける
おなかを引き上げる
内ももをはる
膝は横に向ける
つま先の力がぬけないように、ピンとのばす
膝は横に向ける
軸脚のつけ根を引き上げる
足うら全体でしっかり床をおす

内ももがゆるんでいる
軸脚のつけ根が落ちてしまっている
おしりの筋肉がゆるみ、左のおしりがつり上がってしまっている
膝が落ちている
これはNG

左右のおしりがはなれ、上げた脚が横にはみ出している

おしりの筋肉がゆるんでいる
おなかもゆるんでいる
膝が床のほうを向いている
これはNG

左右のおしりがはなれて、内脚になっている

おうちでもがんばろう！
おしりエクササイズ！

ヒップアップのための、スペシャルエクササイズ！
床に寝て上半身をリラックスさせ、骨盤を床に固定することがポイントです。

※エクササイズは、無理をせず少ない回数からはじめて、だんだん回数を増やしていきましょう。

※おしりをしめるときも、息は止めずに、しぜんな呼吸をつづけましょう。

おしりをきたえる前に…

おしりを使うためには、脚のつけ根の筋肉「腸腰筋」を充分にのばしておくことが大切です。腸腰筋は、背骨の下のほうと大腿骨の前面をつないでいる筋肉。これがみじかいと、背骨と太ももがたがいに引っぱられて出っ尻になり、おしりに力が入りにくくなってしまうのです。まずは腸腰筋のストレッチから始めましょう。

腸腰筋のストレッチ

片脚を90度に曲げ、もう片ほうの脚は後ろにのばし、つま先を床につける。両手を前の足の横につく

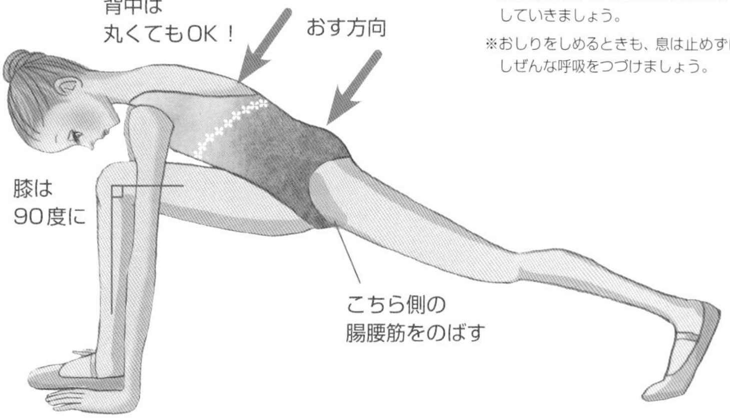

背中は
丸くてもOK！
おす方向
膝は
90度に
こちら側の
腸腰筋をのばす

exercise 1

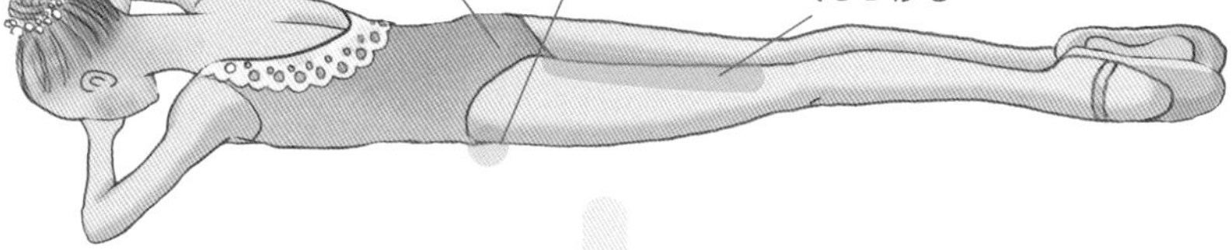

顔は腕の上に
左右のおしりを
くっつける
脚のつけ根を
床につける
両脚の内ももを
くっつける

① 床にうつぶせになり、両脚を第1ポジションのポアントにする

1、2、3、4、
5、6、7、8(下ろす)
脚をアン・ドゥオール
しながら上げる
つけ根はなるべく
床につけたまま
左右のおしりが
はなれないように

② 左右のおしりをくっつけたまま、片脚を上げられるところまで上げる。7秒キープしてから脚を下ろし、もう片ほうの脚を上げる

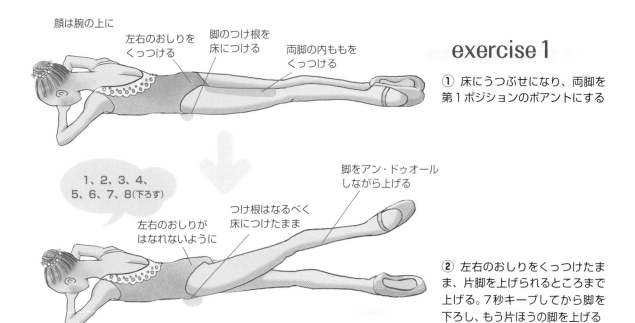

exercise 2

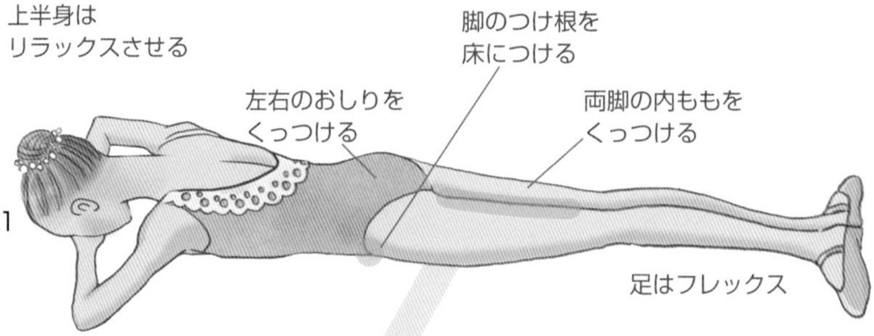

上半身は
リラックスさせる
脚のつけ根を
床につける
左右のおしりを
くっつける
両脚の内ももを
くっつける
足はフレックス

① 床にうつぶせになり、両脚を第1ポジションのフレックスにする

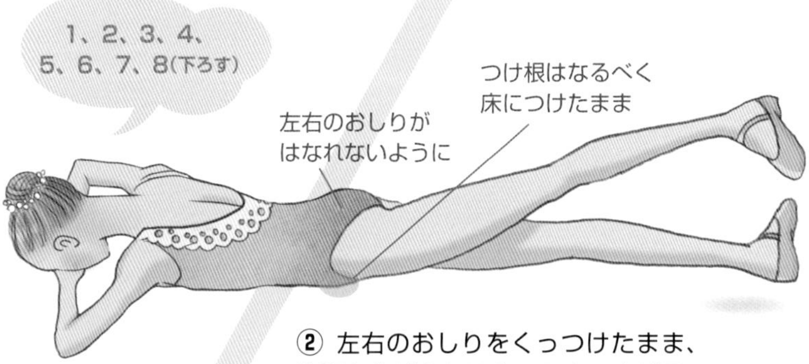

1、2、3、4、
5、6、7、8(下ろす)
つけ根はなるべく
床につけたまま
左右のおしりが
はなれないように

② 左右のおしりをくっつけたまま、片脚を上げられるところまで上げる。7秒キープしてから脚を下ろし、もう片ほうの脚を上げる

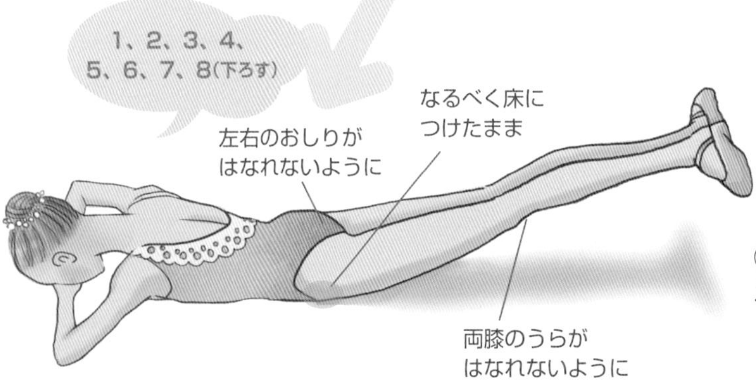

1、2、3、4、
5、6、7、8(下ろす)
なるべく床に
つけたまま
左右のおしりが
はなれないように
両膝のうらが
はなれないように

③ 脚を下ろし、こんどは両脚をそろえて上げ、7秒キープしてから下ろす

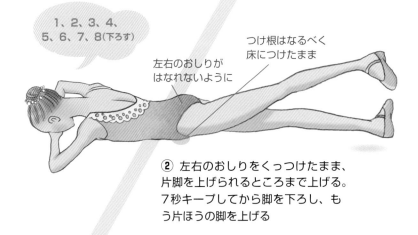

exercise 3

おしりを使うためには、アン・ドゥオールすることが大切。股関節《こかんせつ》もしっかりストレッチしましょう

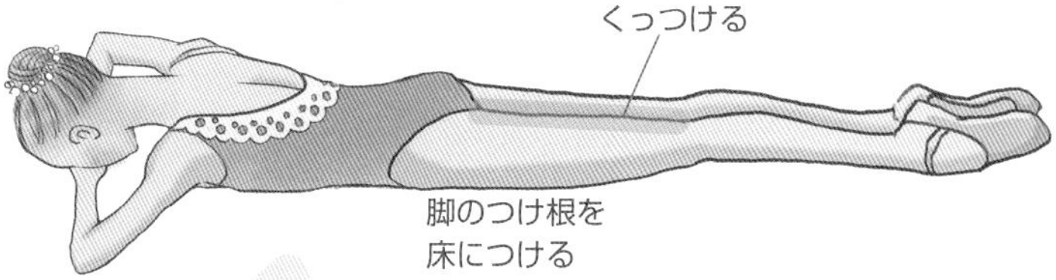
顔は腕の上に
両脚の内ももをくっつける
脚のつけ根を床につける

① 床にうつぶせになり、両脚を第1ポジションのポアントにする

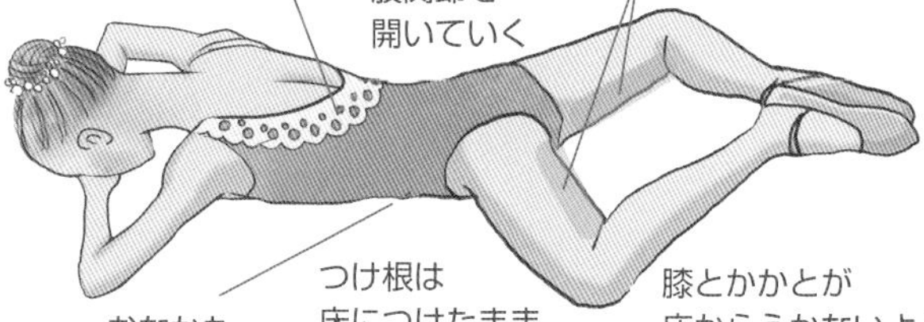
背中はまっすぐに
自分の体重で股関節を開いていく
内ももをはる
おなかもまっすぐに
つけ根は床につけたまま
膝とかかとが床からうかないように

② 両脚の膝を曲げ、足うらを合わせておしりのほうに引き寄せ、また①にもどす

※はじめのうちは、おしりがういてしまってもOK。無理におしたりせずに、だんだん床につくようにしていきましょう

exercise 4

内ももをはった状態でキープしながら上げることで、アティテュードの練習にもなります

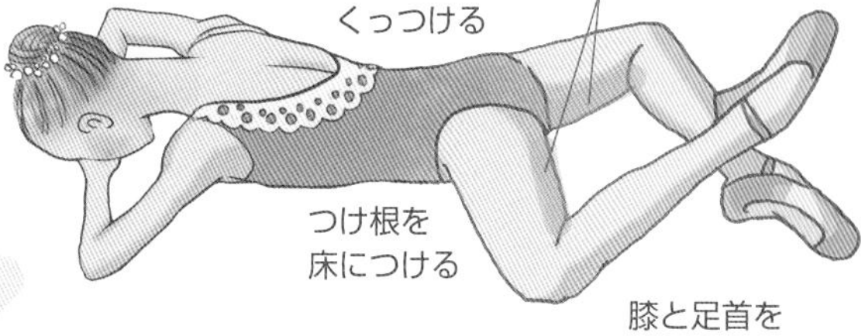
上半身はリラックスさせて
左右のおしりをくっつける
内ももをはる
つけ根を床につける
膝と足首を床につける

① 床にうつぶせになり、両脚の膝を曲げ、足首を交差させる

1、2、3、4、
5、6、7、8(下ろす)
内ももをはる
つけ根は床につけたまま

② 膝から下の形を変えないようにして、上にもち上げ、7秒キープしてから下ろす。足首を左右入れかえ、両ほうの脚で行う

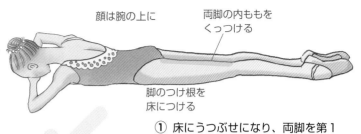

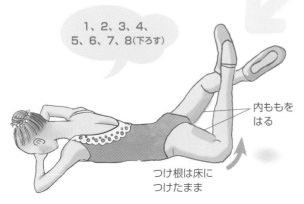

レッスン後の小さな魔法

いつでもどこでもヒップアップ！

電車でつり革《かわ》につかまっているときや、道で信号待ちをしているとき、あなたはおしりを前後左右につき出して立ったりしていませんか？　おしりの穴に力を入れて、骨盤を立てて、まっすぐ立つだけで、おしりはきたえられます。その小さな積み重ねが、さらに美しいヒップラインを作ってくれますよ★

Lesson 4

しなやかな腕

遠く、どこまでものびていきそうなダンサーの腕《うで》。
流れるような美しいラインに、
思わず見とれてしまいますね。
引きしまっているのに、
女性らしく優雅《ゆうが》で柔らかで——
そんな魅力的《みりょくてき》な腕のヒミツを
お教えします！

肩から指先までつながって

肩から指先まで、ほっそりとしたバレリーナの腕。近くで見ると、美しく引きしまった筋肉がついているのがわかります。どうしたら、こんなにキュッとしまった腕になるのでしょうか？

腕は、**上腕《じょうわん》**（肩から肘《ひじ》まで）と、**前腕《ぜんわん》**（肘から手首まで）というふたつの部分からできています。上腕についているのは、「**上腕《じょうわん》二《に》頭筋《とうきん》**」と「**上腕三《じょうわんさん》頭筋《とうきん》**」などの筋肉です。

上腕二頭筋は、肘を曲げるときなどに使われる筋肉。よく「力こぶ」と呼ばれる部分のことです。**上腕三頭筋**は、逆に、肘をのばすときなどに使われるボリュームのある筋肉。たるんでくると「ふりそで」などといわれる部分です。このふたつの筋肉は、**前腕を外側にねじる**ときなどにも使われます。

そして、上腕と指先とをつなぐのは、**前腕の筋肉**です。**手首や指先を動かしたり、固定したり**するときなどに使われます。ためしに、指を動かしながら、前腕に反対の手を当ててみてください。皮ふの下で筋肉が動くのを感じられるはずですよ。

このように、腕の筋肉は、上腕から前腕、前腕から指先へとつながって作用しています。

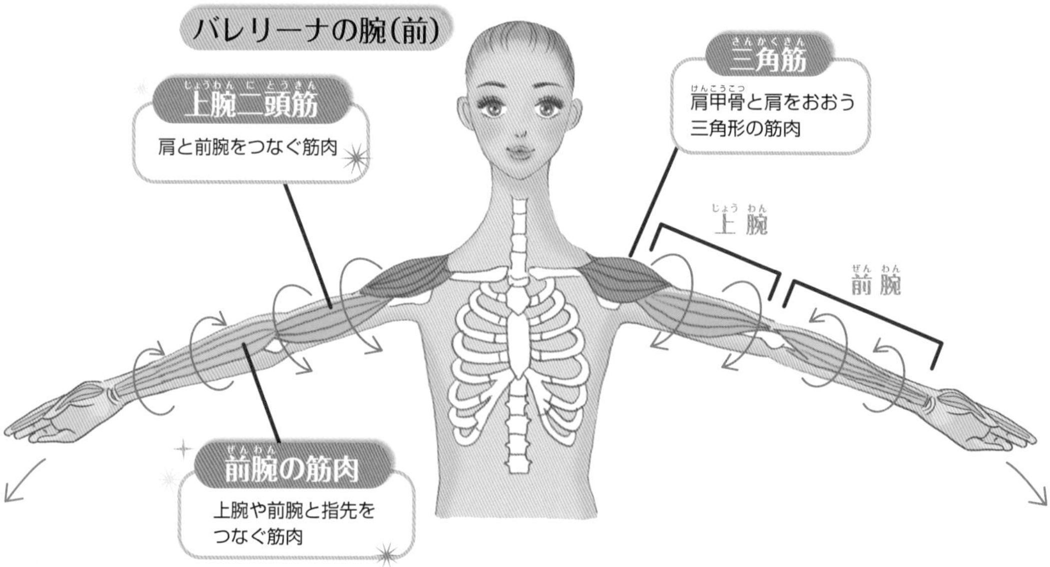

バレリーナの腕（前）
上腕《じょうわん》二《に》頭筋《とうきん》
肩と前腕をつなぐ筋肉
三角筋《さんかくきん》
肩甲骨《けんこうこつ》と肩をおおう
三角形の筋肉
上《じょう》腕《わん》
前《ぜん》腕《わん》
前腕《ぜんわん》の筋肉
上腕や前腕と指先を
つなぐ筋肉

タオルのように腕をしぼる!?

では、これらの筋肉を美しく引きしめるにはどうしたらよいのでしょうか？　もっとも効果的《こうかてき》なのは、バレエの正しい腕のポジションをとることです。

バレエでは、肘を内側に回して、上腕は内側にねじり、前腕は外側にねじって、手首や指は、腕のカーブにそってのばしますね。そうすることで、タオルをしぼるように、腕の筋肉を均等《きんとう》に緊張させることができるのです。**上腕は、「前腕を外側にねじること」**によって緊張し、前腕は、「指先をのばすこと」によって緊張します。こうしてすべての筋肉が緊張すると、美しい腕のラインができ、また、なめらかに腕を動かすこともできるのですよ。

上腕の筋肉は、背中の筋肉とも関係しています。**肘を回して上腕を内側にねじると、背中の筋肉——広背筋《こうはいきん》や大《だい》円筋《えんきん》**も緊張させることができるのです。しかし逆に、肘が落ちてしまうと、上腕の筋肉がゆるみ、それと連動する背中の筋肉もだらりとゆるんでしまいます。そして背中の筋肉がゆるむと、腹筋《ふっきん》までゆるんでしまうのです。腕の正しいポジションをキープすることは、上体を安定させるためにも、とても大切なのですよ。

細い筋肉をたもつために

バレリーナの腕の筋肉は、ほっそりしていますね。しかし、スポーツ選手の筋肉は、太く盛《も》り上《あ》がっています。そのちがいはどこから生まれるのでしょうか?

ひとつは、筋肉への負担《ふたん》の問題です。柔道《じゅうどう》などのスポーツでは、相手と組み合うために、腕にグッと力を入れます。重量《じゅうりょう》上《あ》げの選手なども、重いバーベルをもち上げるために、思いきり力を入れますね。そうすると、**筋肉に大きな負担がかかって、それに応《こた》えるように、筋肉がどんどん太くなってしまう**のです。いっぽう、バレエの場合は、腕の筋肉にかける負担は、腕じたいのわずかな重さだけ。ですから、ほっそりとした筋肉をたもつことができるのです。

もうひとつ、呼吸の問題もあります。相撲《すもう》やレスリングなどのように、**息をつめて体を動かすと**、**筋肉のなかに老《ろう》廃物《はいぶつ》がたまります**。すると、**筋肉がかたくなり、太くなってしまう**のです。逆に、マラソンなどでは、息をすったりはいたりしながら動くので、長時間運動しても老廃物はたまらず、筋肉も太くなりません。

老廃物は、8秒間息をとめただけでたまってしまうもの。ですから、バレエを踊るときも、しぜんな呼吸をつづけることが必要なのです。しなやかな筋肉を手に入れるためにも、レッスンでは、先生の胸《むね》の動きをよく見て、踊りのなかで呼吸するタイミングをおぼえていきましょうね。

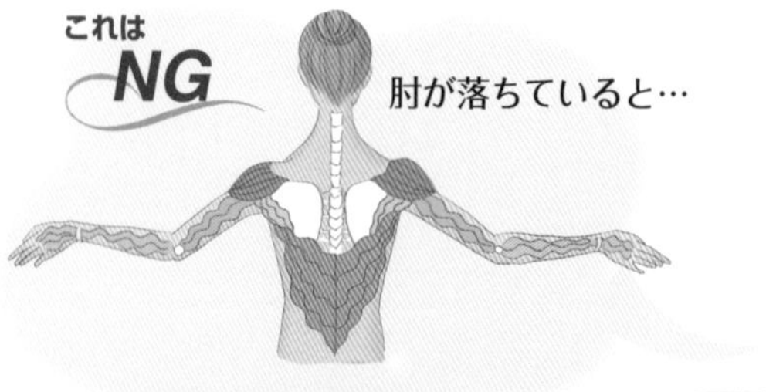
これは
NG
肘が落ちていると…
腕や背中の筋肉がゆるんでしまう

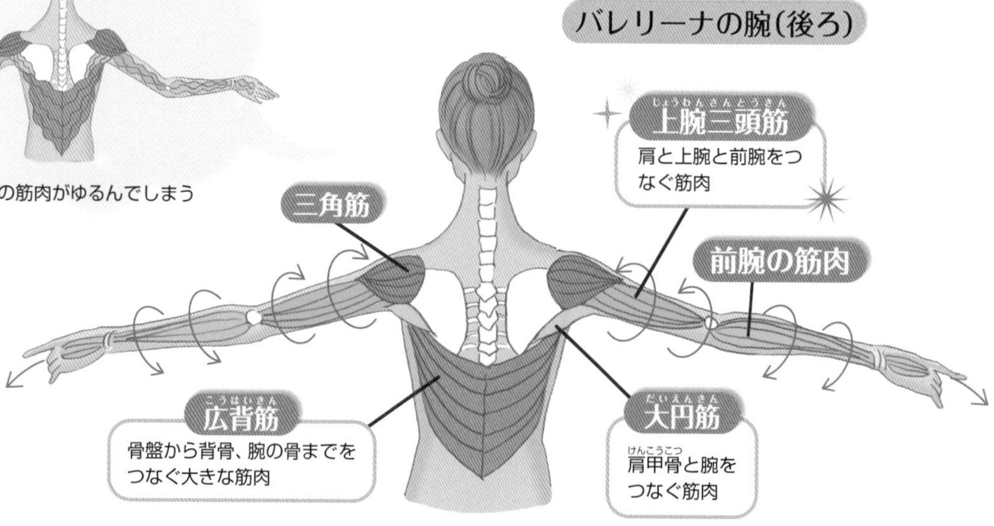
バレリーナの腕(後ろ)
上腕三頭筋《じょうわんさんとうきん》
肩と上腕と前腕をつなぐ筋肉
三角筋
前腕の筋肉
広背筋《こうはいきん》
骨盤から背骨、腕の骨までをつなぐ大きな筋肉
大円筋《だいえんきん》
肩甲骨《けんこうこつ》と腕をつなぐ筋肉

いつものレッスン ここをチェック！

腕の筋肉を美しく引きしめるために、
レッスンで守るべきポイントをチェック！

正しい腕のポジションをキープ

腕の筋肉を緊張させるために大切なのは、ぜったいに肘を落とさないこと！　肘の向きに注意しながら、正しい腕のポジションをチェックしましょう。

アン・バー

両腕を下ろし、体の前に細長い丸を作る

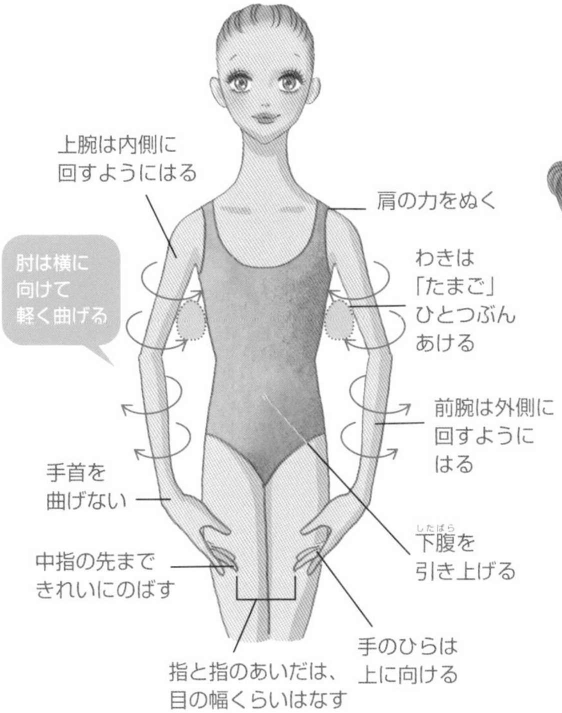

上腕は内側に
回すようにはる
肩の力をぬく
肘は横に
向けて
軽く曲げる
わきは
「たまご」
ひとつぶん
あける
前腕は外側に
回すように
はる
手首を
曲げない
下腹《したばら》を
引き上げる
中指の先まで
きれいにのばす
手のひらは
上に向ける
指と指のあいだは、
目の幅くらいはなす

肘は、体の真横
よりも少し前に

アン・ナヴァン

アン・バーで作った丸をくずさないように、「みぞおち（胸とおへそのあいだ）」の高さまで上げる

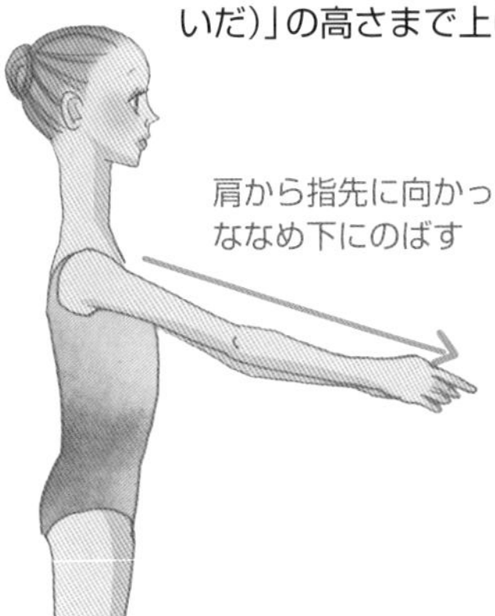

肩から指先に向かって、
ななめ下にのばす

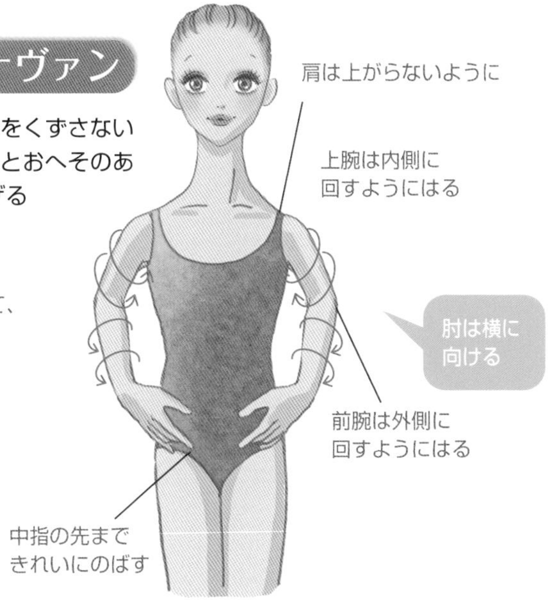

肩は上がらないように
上腕は内側に
回すようにはる
肘は横に
向ける
前腕は外側に
回すようにはる
中指の先まで
きれいにのばす

「肩を下ろして肘を上げる」
感覚をつかむには…

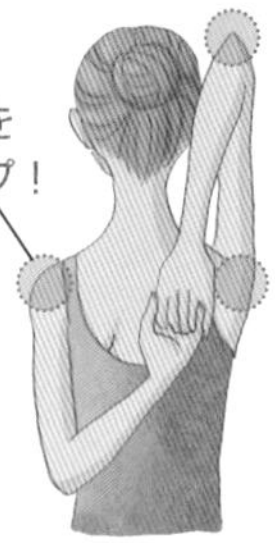
この
高さを
キープ！

① 背中の後ろで、片手は上から、もう一方の手は下から回して、手を組む。

② 両肩と、上に上げたほうの肘の高さをキープしたまま手をほどき、アン・オーにする。

アン・オー

丸をくずさないようにして、
耳の少し前まで腕を上げる

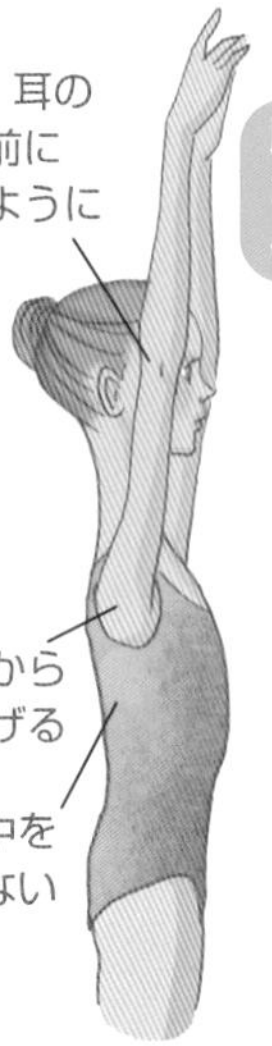
腕は、耳の
少し前に
くるように
肘は横に向け、
なるべく高い
位置にたもつ
肩甲骨から
肩を下げる
背中を
反らない

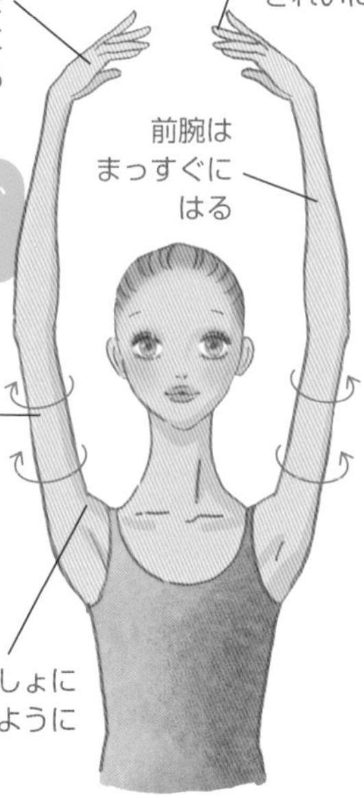
手のひらは
自分の顔を
照らすように
向ける
中指の先まで
きれいにのばす
前腕は
まっすぐに
はる
上腕は
外側に回す
ようにはる
肩がいっしょに
上がらないように

これは
NG

手のひらが
前を向いて
いる
肩が
上がって
いる
首が
縮《ちぢ》んで
いる

腕といっしょに肩が上がってしまい、腕ではなく肩の筋肉を使ってしまっている

ア・ラ・スゴンド

腕のカーブをくずさない
ように横に開いていく

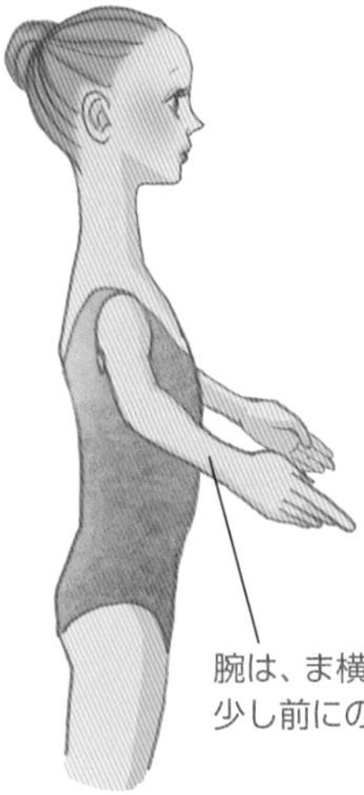
腕は、ま横より
少し前にのばす

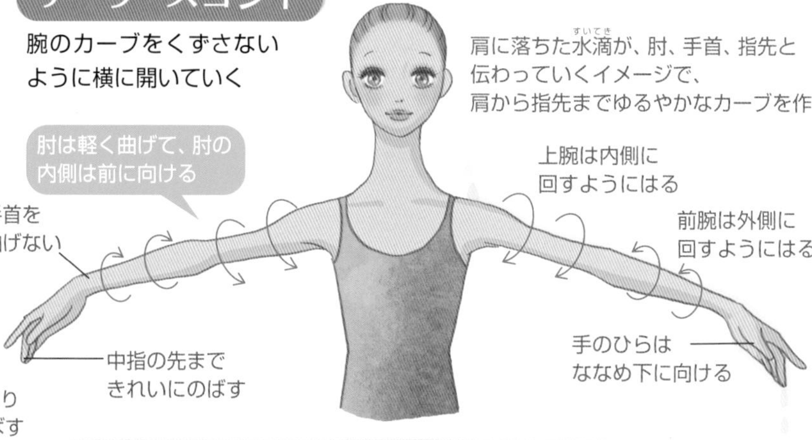
肩に落ちた水滴《すいてき》が、肘、手首、指先と
伝わっていくイメージで、
肩から指先までゆるやかなカーブを作る
肘は軽く曲げて、肘の
内側は前に向ける
手首を
曲げない
上腕は内側に
回すようにはる
前腕は外側に
回すようにはる
中指の先まで
きれいにのばす
手のひらは
ななめ下に向ける

これは
NG

肘が落ちているため、腕の筋肉がゆるんでしまっている

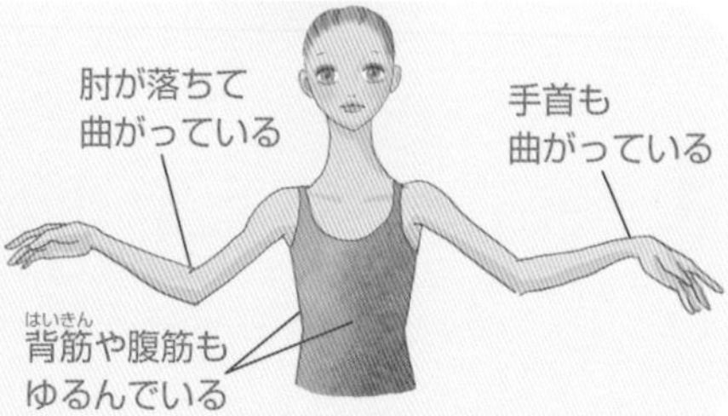
肘が落ちて
曲がっている
手首も
曲がっている
背筋《はいきん》や腹筋も
ゆるんでいる

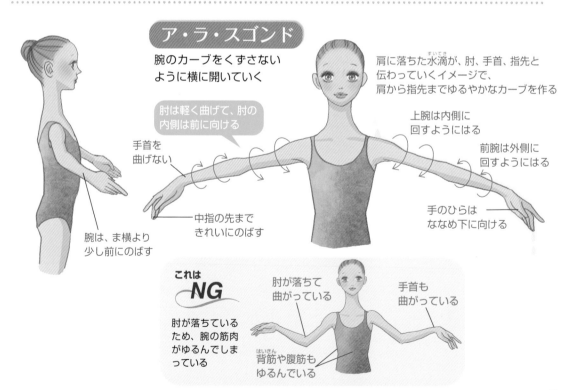

腕といっしょに呼吸する

たくさん息をすおうとして、肩を上下させたり、おなかをふくらませたりすると、バレエの姿勢がくずれてしまいます。すう息は、ほんのわずかで充分ですから、正しい姿勢《しせい》をたもったまま、鼻から静かに呼吸するようにしましょう。基本的には、腕や脚を上げるときに息をすい、下ろすときにはきます。

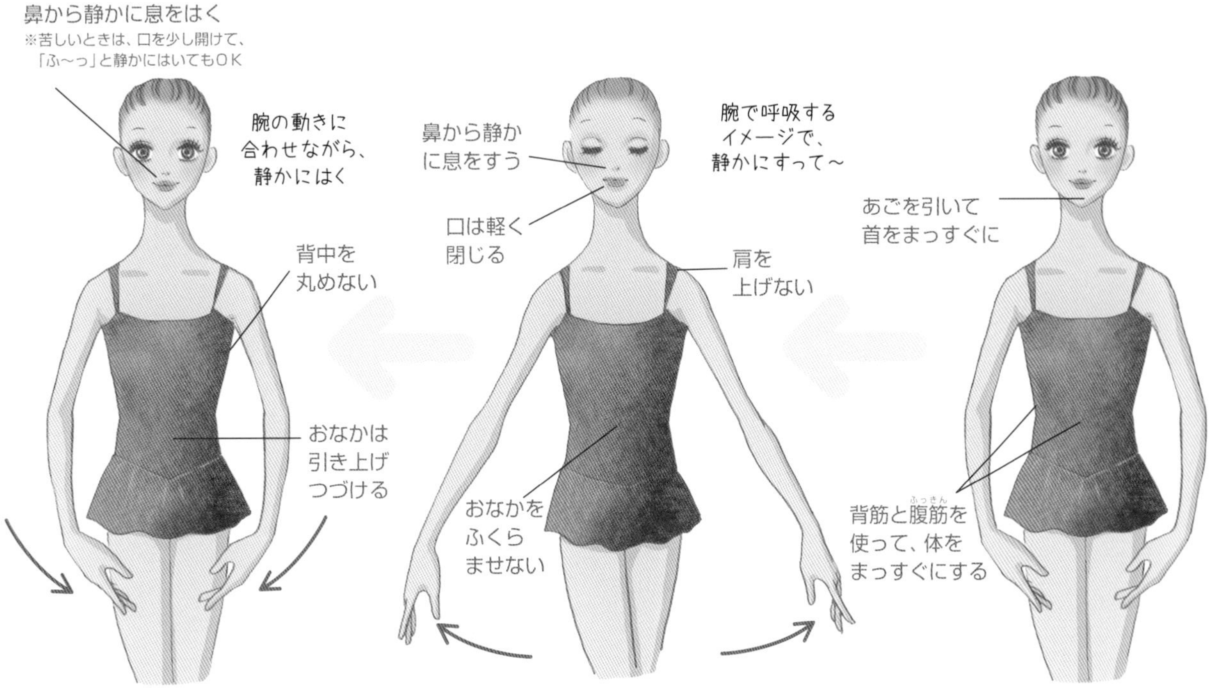
鼻から静かに息をはく
※苦しいときは、口を少し開けて、「ふ〜っ」と静かにはいてもＯＫ
腕の動きに合わせながら、静かにはく
背中を丸めない
おなかは引き上げつづける
鼻から静かに息をすう
腕で呼吸するイメージで、静かにすって〜
口は軽く閉じる
肩を上げない
おなかをふくらませない
あごを引いて首をまっすぐに
背筋と腹筋《ふっきん》を使って、体をまっすぐにする

① 腕をアン・バーにして、まっすぐに立つ

② 息をすいながら、ドゥミ・スゴンドに腕を開く

③ 息をはきながら、腕をアン・バーに下ろす

おうちでもがんばろう！
腕のエクササイズ！

肘や肩、手首など、チェックポイントを確認しながらていねいに行いましょう！

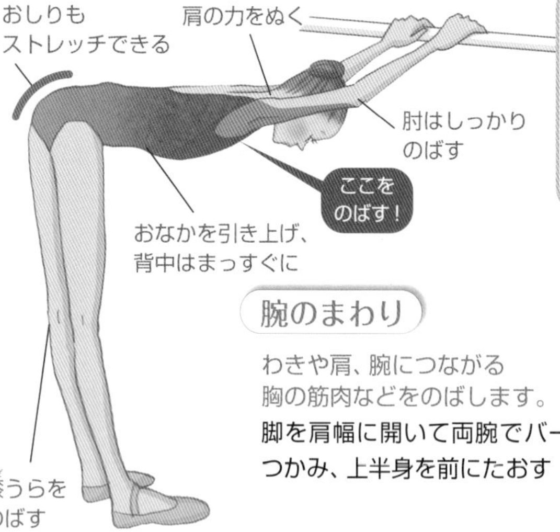

ウエストやおしりもストレッチできる
肩の力をぬく
肘はしっかりのばす
ここをのばす！
おなかを引き上げ、背中はまっすぐに
膝《ひざ》うらをのばす

腕のまわり

わきや肩、腕につながる胸の筋肉などをのばします。

脚を肩幅に開いて両腕でバーをつかみ、上半身を前にたおす

exercise 1

バーを使って
上体のストレッチ

腕をしなやかに動かすために、肩や背中、わきなどの筋肉も気持ちよくのばしましょう。

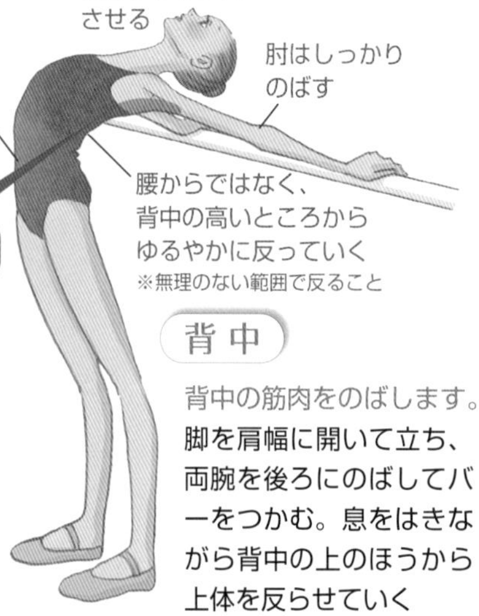

首はリラックスさせる
おなかが出ないようにしっかり引き上げる
肘はしっかりのばす
腰からではなく、背中の高いところからゆるやかに反っていく
※無理のない範囲で反ること
ここをのばす！

背中

背中の筋肉をのばします。

脚を肩幅に開いて立ち、両腕を後ろにのばしてバーをつかむ。息をはきながら背中の上のほうから上体を反らせていく

ろっ骨と骨盤《こつばん》をはなしていく
右腕はバーに向かってのばす
腰を右につき出して体のラインが弓なりになるように
顔はバーの方に向ける
骨盤《こつばん》はなるべく左右同じ高さに
肘はしっかりのばす
ここをのばす！
右脚に体重をのせ、足うらがうかないように、しっかり床をおす

体の横側

肩、わき、ろっ骨のあいだなど、体の横側をのばします。

足をそろえて立ち、左手でバーをつかみ、右腕を上げ、バーに向かって上体を横にたおしていく

※反対側も行う

exercise 2

肘を回して
白鳥エクササイズ

上腕から指先まで神経をいきとどかせて、腕の筋肉をきたえます。

腕をア・ラ・スゴンドにし、肩甲骨を回すようにして、腕を上下に動かす

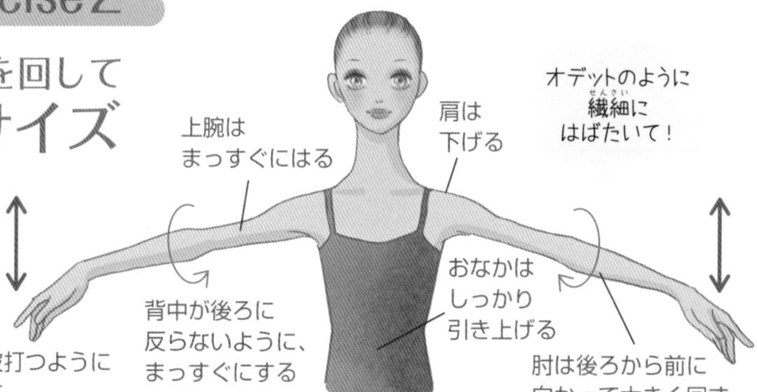

オデットのように繊細《せんさい》にはばたいて！
上腕はまっすぐにはる
肩は下げる
おなかはしっかり引き上げる
背中が後ろに反らないように、まっすぐにする
手首と指先は波打つように柔らかく動かす
肘は後ろから前に向かって大きく回す

Lesson 5

ほっそりとした長い首

すらりと長いダンサーの首、あこがれますね。
長くのびた首すじは、顔を小顔に、
上半身の動きを優雅《ゆうが》に見せてくれます。
でも、「私は生まれつき首がみじかいから…」と
あきらめていませんか？
じつは、「長い首」には
ヒミツがあるのですよ！

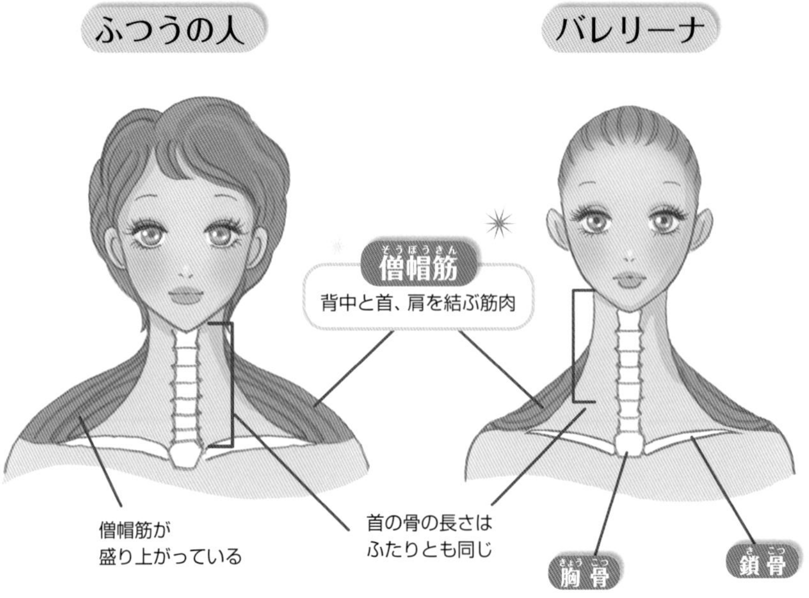

ふつうの人
バレリーナ
僧帽筋《そうぼうきん》
背中と首、肩を結ぶ筋肉
僧帽筋が
盛り上がっている
首の骨の長さは
ふたりとも同じ
胸骨《きょうこつ》
鎖骨《さこつ》

首の長さは肩で決まる!?

脚の骨や腕《うで》の骨は、人によってかなり長さがちがうこともありますが、**首の骨の長さ**には、そんなにちがいはありません。上のイラストのように、首の長さがずいぶんちがって見えるふたりも、じつは、骨の長さは同じ。**首の長さは、まわりの筋肉のつきかたや、顔や首、肩の大きさのバランスなどで、かなりちがって見える**ものなのです。

ポイントになるのは、「僧《そう》帽筋《ぼうきん》」です。僧帽筋は、背中《せなか》から首や肩にかけて広がる大きな筋肉。この筋肉が発達して肩が盛《も》り上《あ》がると、首がうもれてみじかく見えてしまうのです。

僧帽筋は、重い物を持ったり、物を持ち上げたりするときに使われるほか、**体から前につき出ている頭を、つねに引っぱって支える**働きをしています。頭の重さは2、3キロほどありますから、僧帽筋にはかなり負担《ふたん》がかかります。その負担を軽くするためには、首の筋肉を使って**首をまっすぐのばして、頭を支えること**が必要です。もちろん、肩に力を入れることも、僧帽筋を発達させることになるのでいけません。長い首に見せるためには、「首をまっすぐのばして、肩の力をぬく」——まさにバレエの正しい姿勢《しせい》をとることが大切なのです。

首の美しいレリーフ

首の筋肉についても見てみましょう。バレリーナの首には、レリーフ（うき彫《ぼ》り細工《ざいく》）のような美しいたての線がうきでていますね。これは、「胸《きょう》鎖《さ》乳突筋《にゅうとつきん》」という筋肉です。胸鎖乳突筋は、胸骨《きょうこつ》（胸の骨）や鎖骨《さこつ》と頭の骨を結ぶ筋肉で、**頭を持ち上げて、首をのばしたり曲げたり、回したりする**働きをします。

ふつう、人が上を向くときは、首の前の筋肉はゆるんで、首の後ろの筋肉だけが軽く縮《ちぢ》みます。新体操《しんたいそう》などでも、顔を上に向けるときは、そのように使うことが多く見られます。しかし、**バレエの場合には、胸鎖乳突筋で首の後ろをまっすぐにのばして、首すじのラインを美しく見せながら顔を上げます。**また、腕や脚などの動きに合わせて顔をつけるときも、首すじはまっすぐにのばしながら、横やななめに首を動かしますね。このように、バレリーナはいつも首をのばして動かすため、胸鎖乳突筋が発達して、首に美しいレリーフがうかび上がるのです。

バレリーナの首

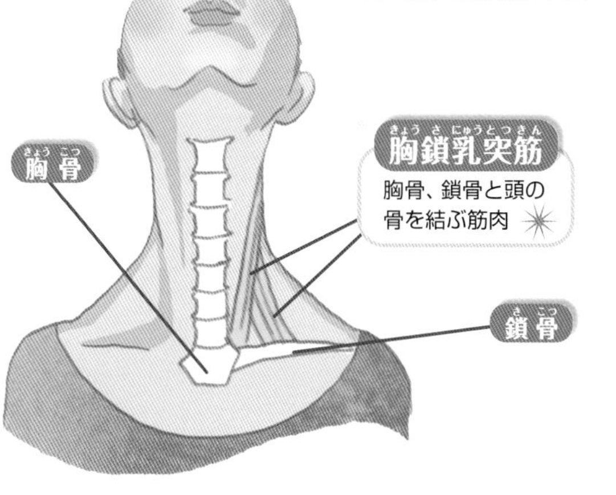

胸《きょう》骨《こつ》
胸《きょう》鎖《さ》乳突筋《にゅうとつきん》
胸骨、鎖骨と頭の骨を結ぶ筋肉
鎖《さ》骨《こつ》

ふつうに上を向くとき

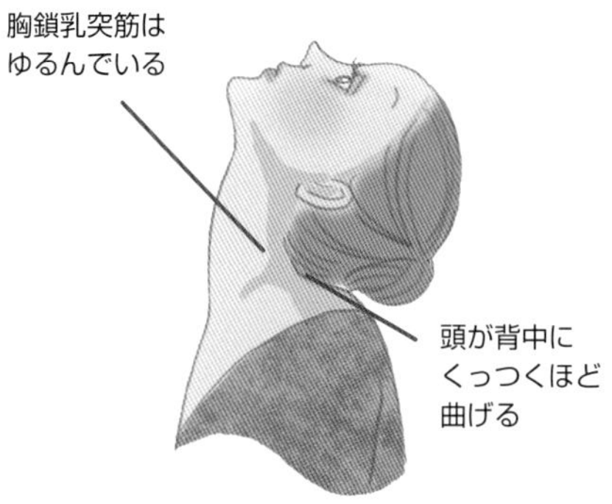

胸鎖乳突筋はゆるんでいる
頭が背中にくっつくほど曲げる

バレエで上を向くとき

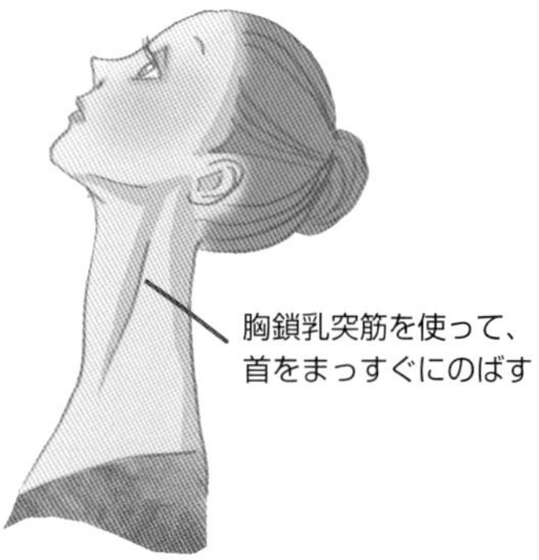

胸鎖乳突筋を使って、首をまっすぐにのばす

いつでもバレリーナ気分で

　ピルエットなど、回転するパのときに首すじがゆるんでしまい、顔が左右にかたむくと、軸《じく》がぶれて、まっすぐに回れなくなってしまいます。片脚で立つときなども、顔が正しい位置にないと、軸がかたむき、ぐらぐらしてしまいます。ですから、バレエを踊るときは、首すじをのばし、正しく顔をつけることが大切です。そしてそれが、首を美しくきたえることにもなるのです。

　また、人間の体はもともと、顔の向きと反対側の腕《うで》や脚（たとえば顔を右に向けたときは、左腕や左脚）を曲げてしまう性質をもっています。そのため、アラベスクなど、後ろに脚をのばすポーズは、とてもやりづらいもの。このとき、**胸鎖乳突筋は前に引っぱられますが**、それに逆らって**意識的にまっすぐ上にのばすようにすると、全身の筋肉の緊張が高まり、腕や脚をのばしやすくなります**。首をのばすことには、このような効《こう》果《か》もあるのです。

　ふだんの生活でも、夢中になって机《つくえ》に向かっていたりすると、つい、首を前につき出した姿勢になってしまいがちです。首をまっすぐのばして、肩を下ろして、いつでもバレリーナ気分で、正しい姿勢を心がけましょうね。その積み重ねで、美しく長い首が作られていきますよ。

いつものレッスン ここをチェック！

長い首を作るには、首をのばして顔を正しくつけることが大切。ポイントをチェックして美しくきたえましょう！

首を正しく動かす

首は、肩や胸などさまざまな部分と関連して動くため、しっかり意識しないと、きちんと動かすことができません。左右や上下など、動かす方向を意識しながら、リラックスした状態で、首だけを動かす練習をしてみましょう。首を動かさずに目だけ動かしたり、肩やあごだけを動かしたりしないように注意！

前を向く

背中から首までまっすぐにのばして正面を向く

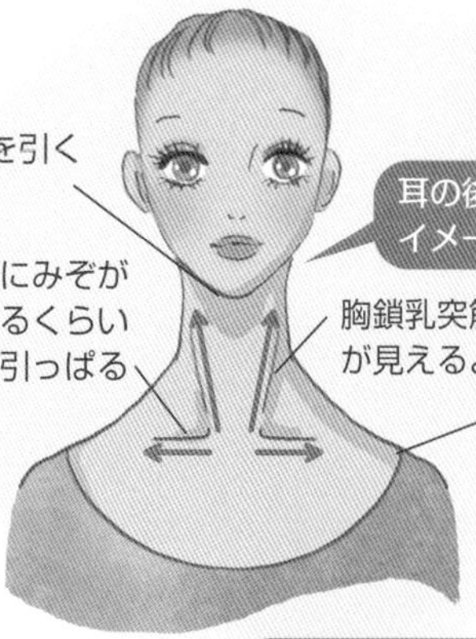

あごを引く
耳の後ろをつかんで引き上げるイメージで首をまっすぐにのばす
鎖骨にみぞができるくらい首を引っぱる
胸鎖乳突筋のレリーフが見えるように
肩は肩甲骨《けんこうこつ》から下ろす

左右を向く

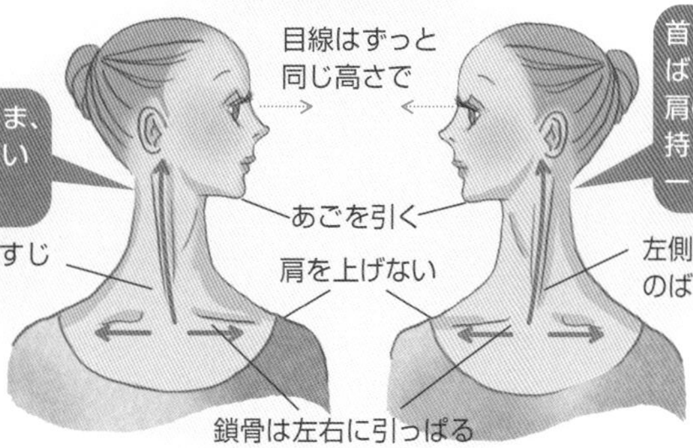

目線はずっと同じ高さで
首をまっすぐのばしたまま、左肩の上にあごを持っていくイメージで左を向く
首をまっすぐのばしたまま、右肩の上にあごを持っていくイメージで右を向く
あごを引く
右側の首すじをのばす
肩を上げない
左側の首すじをのばす
鎖骨は左右に引っぱる

顔を左に向けて正面にもどす　顔を右に向けて正面にもどす

上下を向く

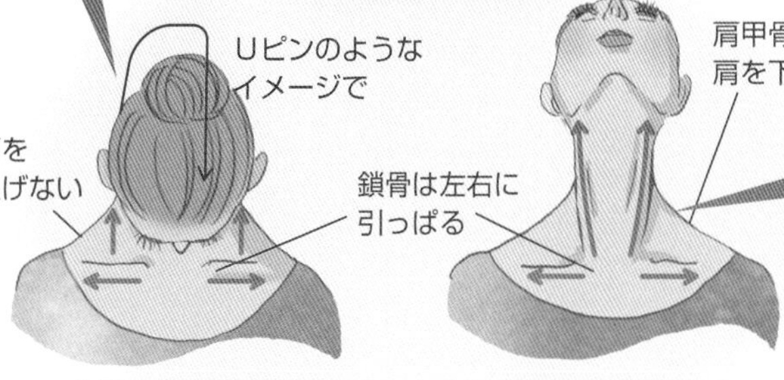

背中から後ろの首すじまでを上にのばしてから、下を向く
Uピンのようなイメージで
肩を上げない
鎖骨は左右に引っぱる
肩甲骨から肩を下げる
首すじから胸もとまでのばして、顔を上に向ける。頭を後ろにカクンと落とさないように、後ろの首すじをのばして支える

顔を下に向けて正面にもどす

顔を上に向けて正面にもどす

左右にたおす

顔を右にたおして正面にもどし、
こんどは左にたおして
正面にもどす

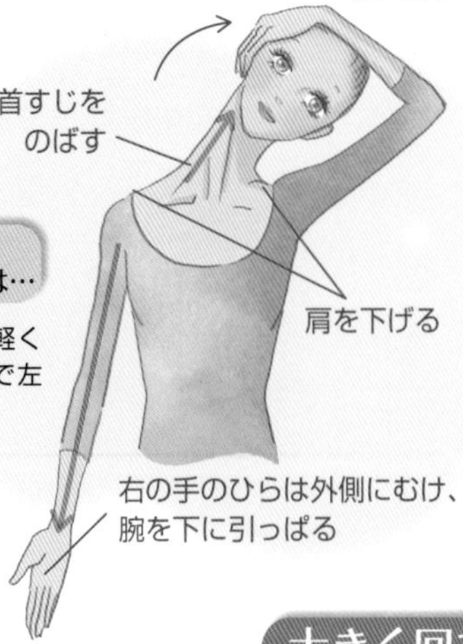
右側の首すじを
のばす
肩を上げずに
首だけを動かすには…
左腕で顔の右側を軽く
おさえ、頭の重さで左
側にたおす
肩を下げる
右の手のひらは外側にむけ、
腕を下に引っぱる

たおすほうと反
対側の肩を下げ、
首すじをのばし
て、顔をたおす
左肩を下げる
あごを引く
鎖骨は左右に
引っぱる

大きく回す

顔を前にたおして、大きなまるを
えがくように回す

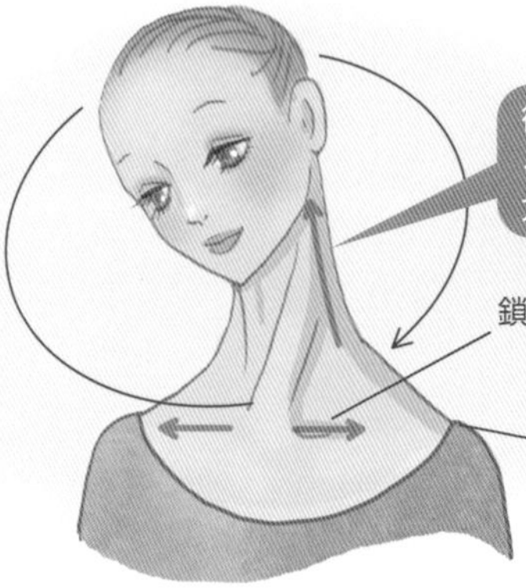
後ろの首すじがのび
るのを感じながら、
大きく回す
鎖骨は左右に引っぱる
肩甲骨から
肩を下げる

顔を正しくつける
—上体を反らすとき—

上体を後ろにたおすとき、顔を
前に向けたまま反ってしまうと、
頭が後ろに落ちてしまい、首に
かなりの負担がかかってしまい
ます。顔を横に向けて、首すじ
をのばして、頭をしっかり支え
ながら反るようにしましょう。

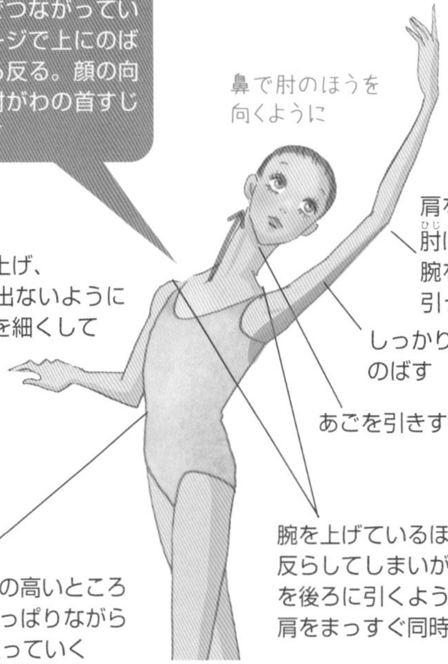
しっかり顔を横に向け
て、背中から頭のてっ
ぺんまでつながってい
るイメージで上にのば
してから反る。顔の向
きと反対がわの首すじ
をのばす
鼻で肘のほうを
向くように
肩を下げて
肘《ひじ》は横に向け、
腕を遠くへ
引っぱりながら
しっかり
のばす
腕を引き上げ、
おなかが出ないように
ウエストを細くして
あごを引きすぎない
腕を上げているほうの肩を先に
反らしてしまいがち。反対の肩
を後ろに引くよう意識して、両
肩をまっすぐ同時に反らす
上体は、背中の高いところ
から、上に引っぱりながら
ゆるやかに反っていく

顔を正しくつける
—回転するとき—

ピルエットなどの回転で顔をつけるとき、首が左右にかたむいてしまうと姿勢がくずれ、まっすぐに回れなくなってしまいます。歩きながら、まっすぐに顔を回す練習をしてみましょう。

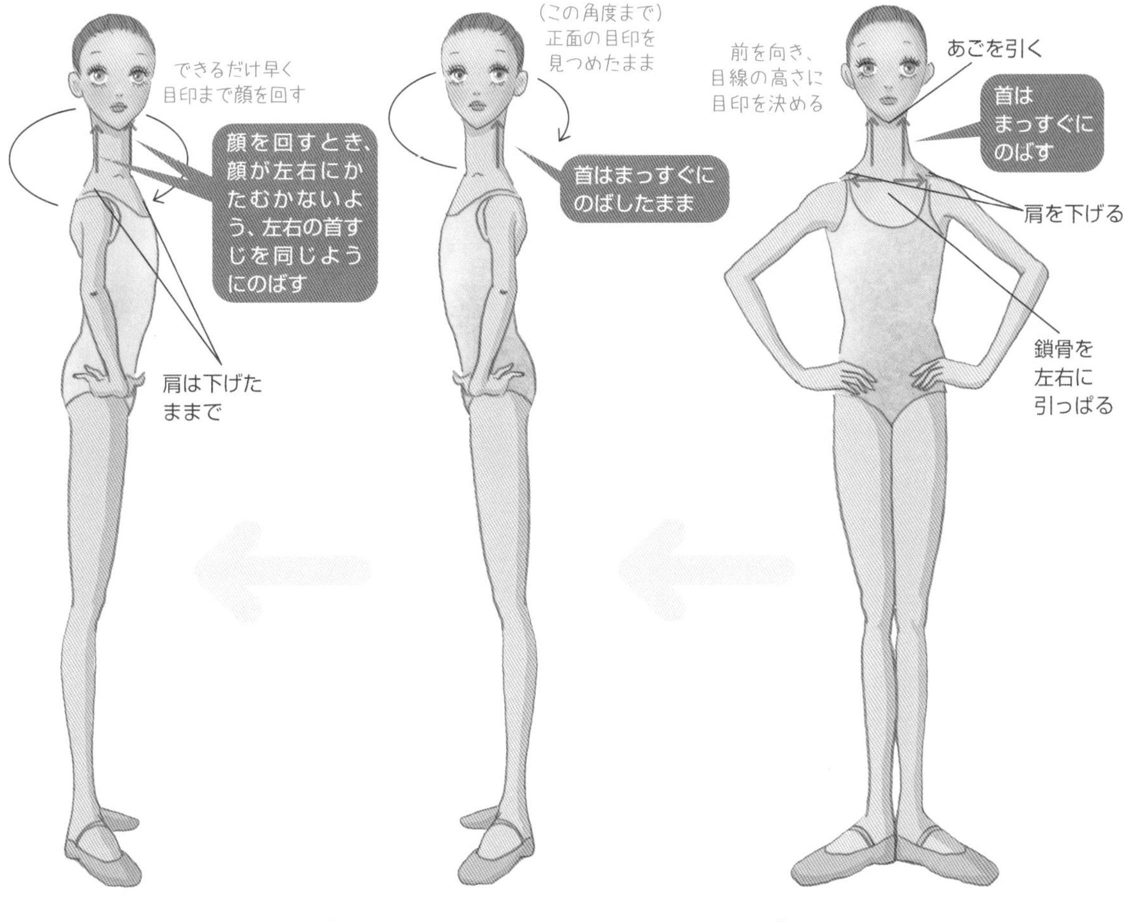

前を向き、目線の高さに目印を決める
あごを引く
首はまっすぐにのばす
肩を下げる
鎖骨を左右に引っぱる
(この角度まで)正面の目印を見つめたまま
首はまっすぐにのばしたまま
できるだけ早く目印まで顔を回す
顔を回すとき、顔が左右にかたむかないよう、左右の首すじを同じようにのばす
肩は下げたままで

① 正面を向き、第1ポジションで立つ

② 顔を正面に向けたまま、両足をこきざみに動かして、体を右に回していく。写真のように、左肩があごの下まで来たら、顔をくるっと右肩の方向に回す

③ 体より先に顔を正面にもどし、1回転する

顔と腕をいっしょに動かす

目線は手の動きを追いながら、手のひらを通して
その先を見るようにして、顔と腕をいっしょに動かしましょう。

※♪はカウントです

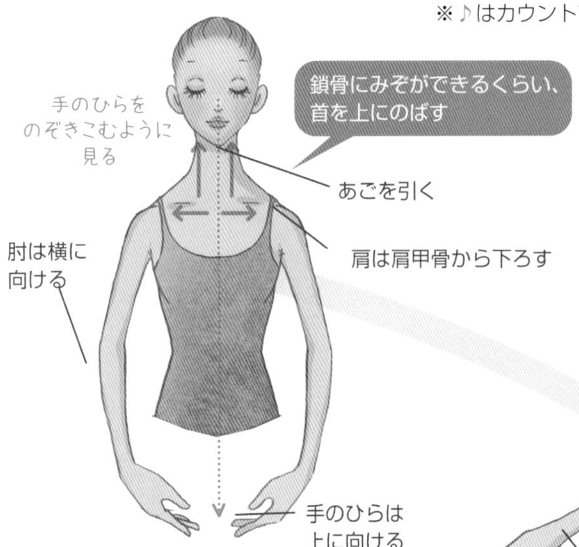

手のひらをのぞきこむように見る
鎖骨にみぞができるくらい、首を上にのばす
あごを引く
肘は横に向ける
肩は肩甲骨から下ろす
手のひらは上に向ける

①♪1、2
両腕をアン・バーからアン・ナヴァンに上げる

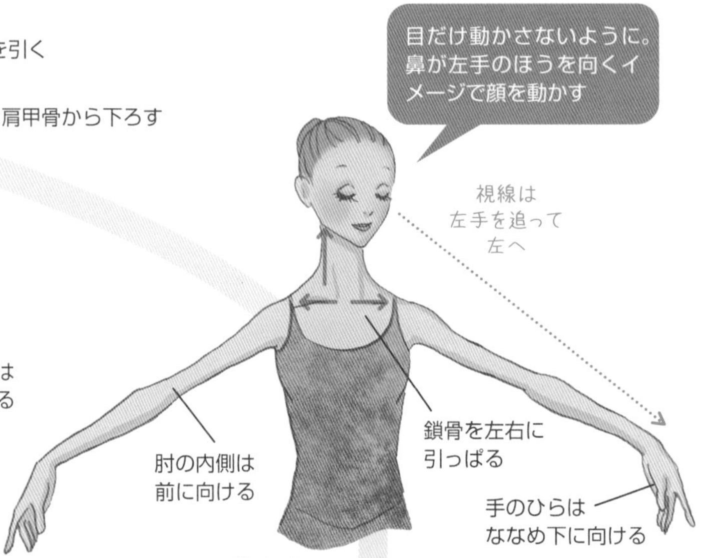

目だけ動かさないように。鼻が左手のほうを向くイメージで顔を動かす
視線は左手を追って左へ
鎖骨を左右に引っぱる
肘の内側は前に向ける
手のひらはななめ下に向ける

②♪3
両腕をア・ラ・スゴンドに開く

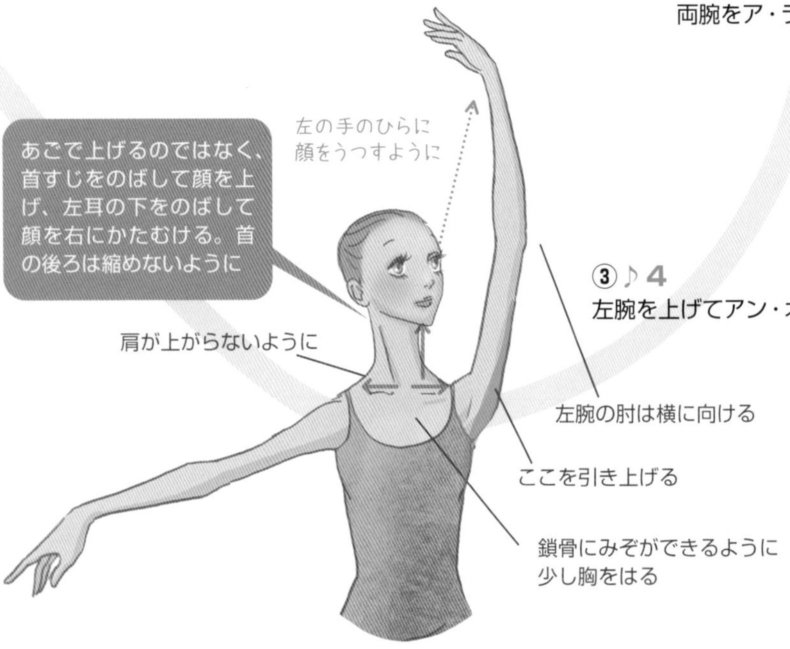

左の手のひらに顔をうつすように
あごで上げるのではなく、首すじをのばして顔を上げ、左耳の下をのばして顔を右にかたむける。首の後ろは縮めないように
肩が上がらないように
左腕の肘は横に向ける
ここを引き上げる
鎖骨にみぞができるように少し胸をはる

③♪4
左腕を上げてアン・オーにする

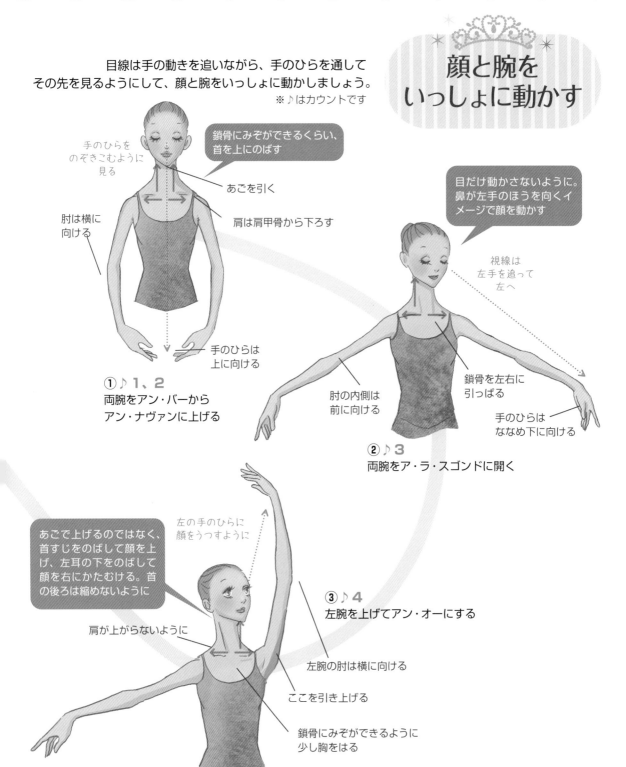

後ろの首すじはのばしたまま下を向き、右耳の下をのばして少し顔を左にかたむける
右の手のひらをのぞきこむように
引き上げる
肩は
下げたままで
右腕の肘は
横に向ける

④♪5
右腕をアン・バーにする

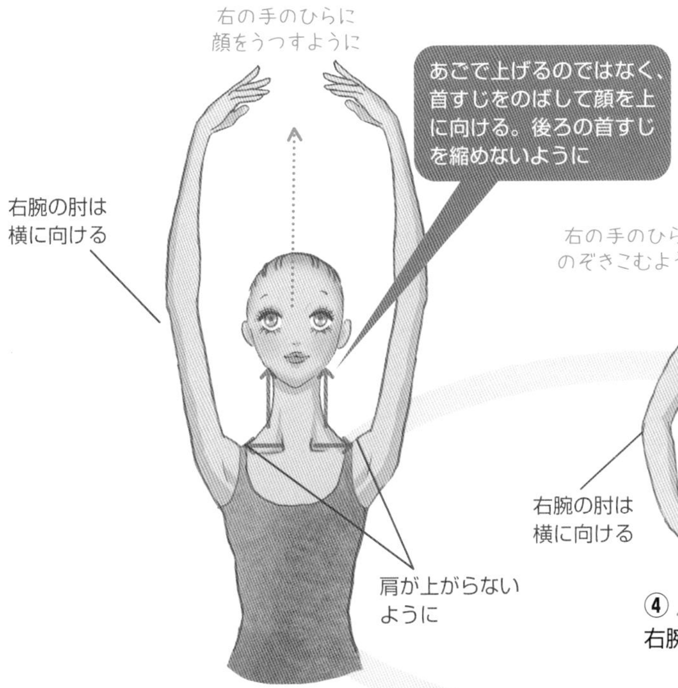
右の手のひらに
顔をうつすように
あごで上げるのではなく、首すじをのばして顔を上に向ける。後ろの首すじを縮めないように
右腕の肘は
横に向ける
肩が上がらない
ように

⑤♪6
右腕を上げてアン・オーにする

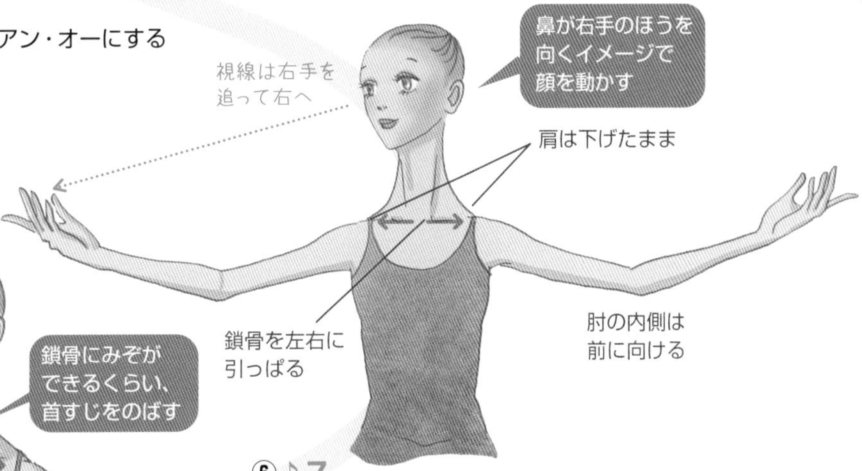
鼻が右手のほうを向くイメージで顔を動かす
視線は右手を
追って右へ
肩は下げたまま
鎖骨を左右に
引っぱる
肘の内側は
前に向ける

⑥♪7
両腕を開いてア・ラ・スゴンドにする

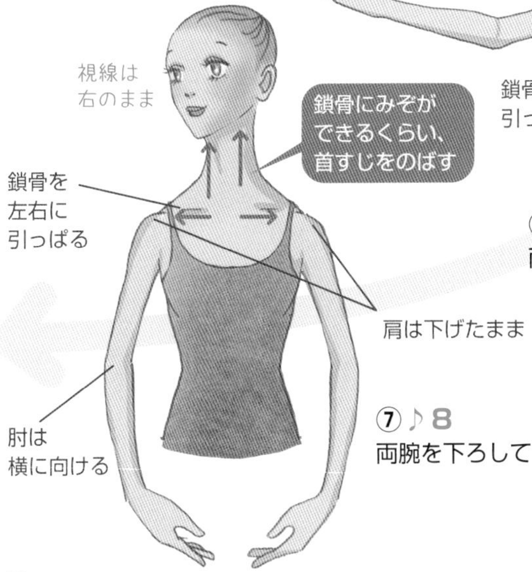
視線は
右のまま
鎖骨にみぞができるくらい、首すじをのばす
鎖骨を
左右に
引っぱる
肩は下げたまま
肘は
横に向ける

⑦♪8
両腕を下ろしてアン・バーにする

顔と腕と脚をいっしょに動かす

脚の動きに合わせて顔をつけてみましょう。顔をつけることで、動き全体にまとまりが生まれます。

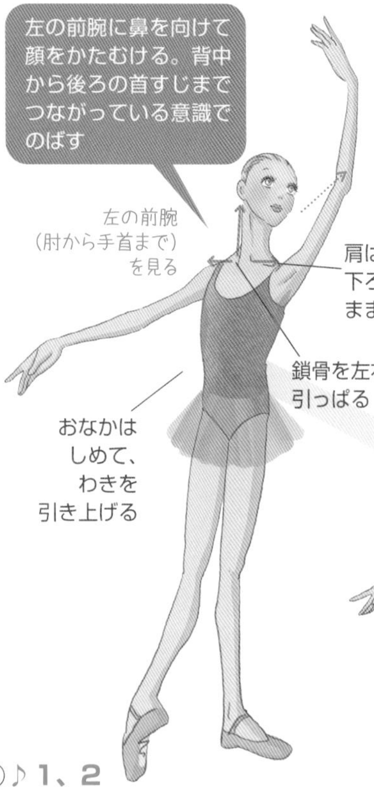

左の前腕に鼻を向けて顔をかたむける。背中から後ろの首すじまでつながっている意識でのばす
左の前腕（肘から手首まで）を見る
肩は下ろしたまま
鎖骨を左右に引っぱる
おなかはしめて、わきを引き上げる

①♪１、２

右足前第５ポジションに立ち、左腕をアン・オー、右腕をア・ラ・スゴンドにする。右脚を前へタンデュして第５ポジションにもどす

左の上腕に鼻を向けて顔をかたむける
目線を下げたときにこちら側の首すじが縮まないように
左の上腕（肩から肘まで）を見る
肩は肩甲骨から下ろす
あごを引く
鎖骨を左右に引っぱる

②♪３、４

左脚を後ろへタンデュして、第５ポジションにもどす

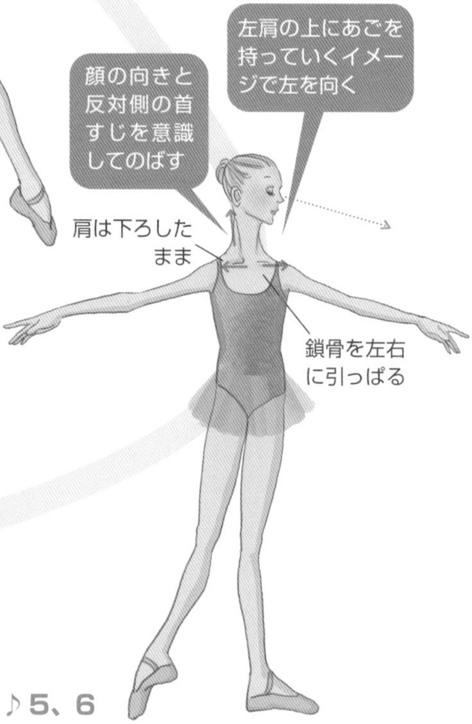

左肩の上にあごを持っていくイメージで左を向く
顔の向きと反対側の首すじを意識してのばす
肩は下ろしたまま
鎖骨を左右に引っぱる

③♪５、６

左腕をア・ラ・スゴンドにし、右脚を横にタンデュして第５ポジションにもどす

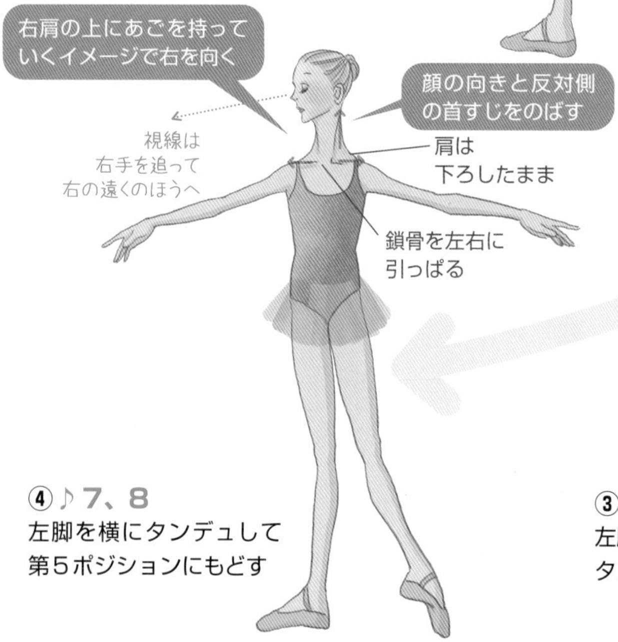

右肩の上にあごを持っていくイメージで右を向く
顔の向きと反対側の首すじをのばす
視線は右手を追って右の遠くのほうへ
肩は下ろしたまま
鎖骨を左右に引っぱる

④♪７、８

左脚を横にタンデュして第５ポジションにもどす

Lesson 6

すらりとのびた脚

PART 1 ほっそりした脚

ダンサーの細く美しい脚は、みんなのあこがれ♥
「どうやったら脚が細くなるの？」
「まっすぐにするには？」
気になる美脚のヒミツをご紹介します！

バレリーナの脚(前)

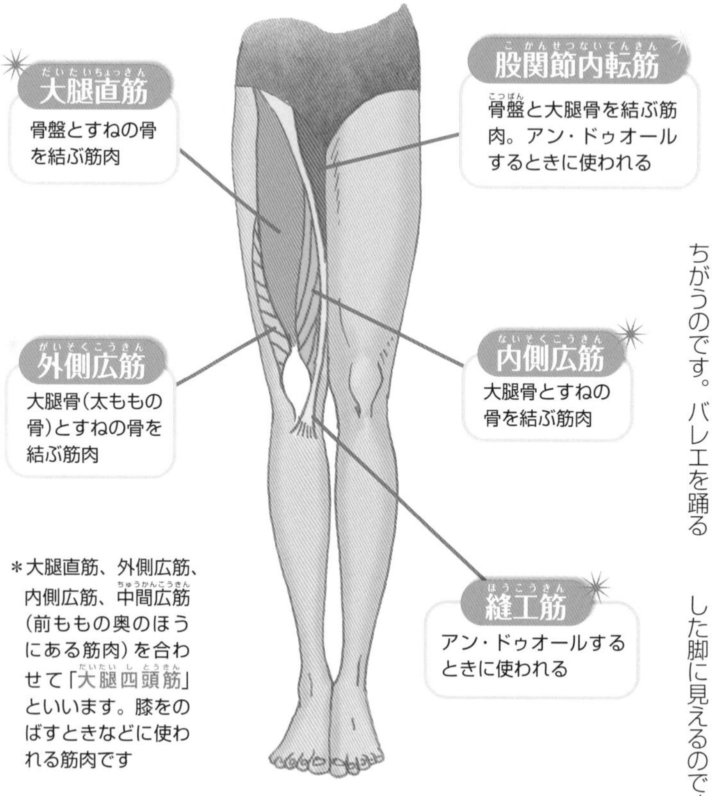
大腿直筋《だいたいちょっきん》
骨盤とすねの骨を結ぶ筋肉
股関節内転筋《こかんせつないてんきん》
骨盤《こつばん》と大腿骨を結ぶ筋肉。アン・ドゥオールするときに使われる
外側広筋《がいそくこうきん》
大腿骨(太ももの骨)とすねの骨を結ぶ筋肉
内側広筋《ないそくこうきん》
大腿骨とすねの骨を結ぶ筋肉
縫工筋《ほうこうきん》
アン・ドゥオールするときに使われる

＊大腿直筋、外側広筋、内側広筋、中間広筋《ちゅうかんこうきん》(前ももの奥のほうにある筋肉)を合わせて「大腿四頭筋《だいたいしとうきん》」といいます。膝をのばすときなどに使われる筋肉です

理想の形は「とんがりぼうし」

ほっそりと見えるバレリーナの脚。でもじつは、ふつうの人とくらべて、それほど細いわけではありません。ただ、筋肉のつく位置やバランスがちがうのです。バレエを踊ると筋肉が美しくきたえられて、脚全体が細長いとんがりぼうしを逆さにしたような形になります。すると、あるていどの太さがあっても、スラリとした脚に見えるのです。

ダンサーの太ももを見てみましょう。前側を見ると、両サイドにある「外側広筋《がいそくこうきん》」や「内側広筋《ないそくこうきん》」ではなく、中央にある「大腿直筋《だいたいちょっきん》」が発達しています。後ろ側も、中央にある「大腿二頭筋《だいたいにとうきん》」「半腱様筋《はんけんようきん》」「半膜様筋《はんまくようきん》」が太くなっています。そのため、太ももは横に平べったく広がった形ではなく、立体的な美しい筒型《つつがた》になるのです。

すねの筋肉も見てみましょう。ポイントになるのは、「腓腹筋《ひふくきん》」という筋肉。腓腹筋が引きしまって高いところについていると、ふくらはぎのラインが美しくなります。腓腹筋をキュッと引き上げるには、膝《ひざ》をのばしてつま先立ちする、つまり、ルルヴェをすることです。ただ、そのときに膝が曲がっていると、ふくらはぎのサイドの筋肉や、足首のサイドにある「ヒラメ筋」などが太くなってしまうので注意しましょう。

筋肉は引っぱり合う

脚の筋肉をバランスよくつけていくために、筋肉がどのように使われるのかを見てみましょう。

筋肉は、動きによって表とうらで引っぱり合う性質をもっています。たとえば、膝を曲げるときは、太もものうら側にある大腿二頭筋に力が入り、キュッと縮《ちぢ》もうとします。それに対して、表側にある大腿四頭筋は、始めは抵抗《ていこう》してピンッと力が入りますが、大腿二頭筋の力に負けて、だんだん力をぬき、筋肉をゆるめていくのです。逆に膝をのばすときは、大腿四頭筋が縮み、大腿二頭筋がゆるみます。

膝を曲げるとき

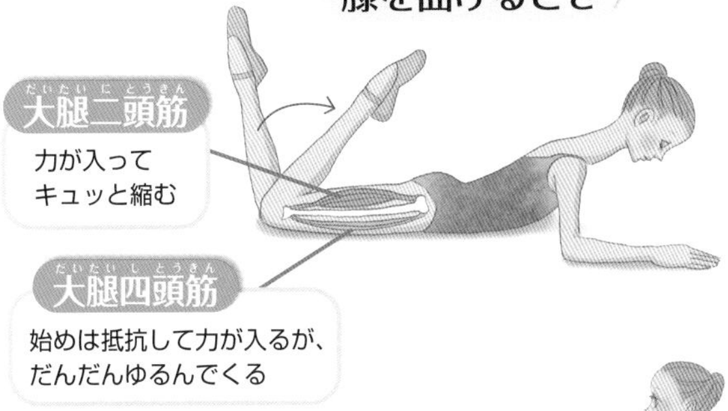
大腿二頭筋《だいたいにとうきん》
力が入って
キュッと縮む
大腿四頭筋《だいたいしとうきん》
始めは抵抗して力が入るが、
だんだんゆるんでくる

膝をのばすとき

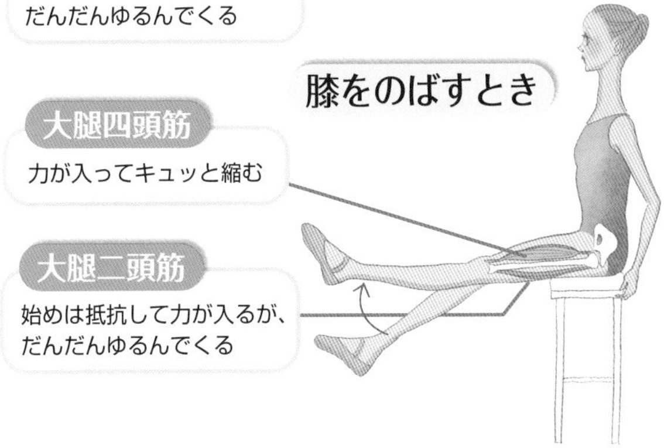
大腿四頭筋
力が入ってキュッと縮む
大腿二頭筋
始めは抵抗して力が入るが、
だんだんゆるんでくる

バレリーナの脚(後ろ)

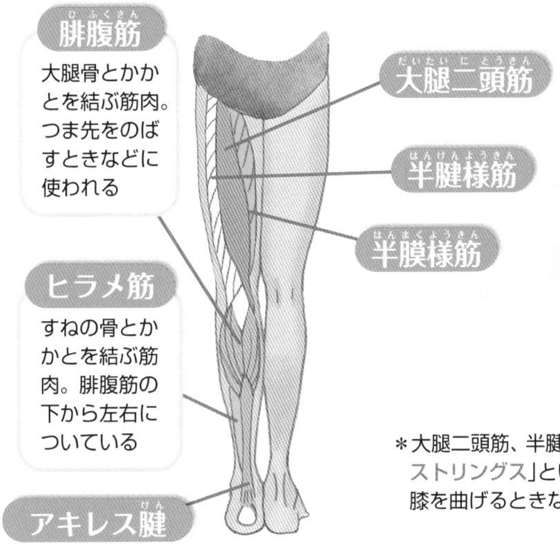
腓腹筋《ひふくきん》
大腿骨とかかとを結ぶ筋肉。つま先をのばすときなどに使われる
ヒラメ筋
すねの骨とかかとを結ぶ筋肉。腓腹筋の下から左右についている
アキレス腱《けん》
大腿二頭筋《だいたいにとうきん》
半腱様筋《はんけんようきん》
半膜様筋《はんまくようきん》

＊大腿二頭筋、半腱様筋、半膜様筋を合わせて「ハムストリングス」といいます。骨盤とすねの骨を結び、膝を曲げるときなどに使われます

「内もも」ってどこのこと？

バレエでいう「内もも」とは、パラレルで立ったときに、脚のつけ根の内側にある「股関節内転筋《こかんせつないてんきん》」と、太もものうら側にある「ハムストリングス」のことをいいます。ハムストリングスも、アン・ドゥオールすると内側に回るので、内ももと呼《よ》ばれるのです。

アン・ドゥオールで引きしめる！

このように、脚を動かしているときには、筋肉は縮んだりゆるんだりして働きます。しかし、膝を曲げきったり、のばしきったりしたときには、表もうらもゆるみます。ふつうに立っているときも、筋肉はほぼゆるんでいる状態です。

それを、バレエでは脚を外側に回して、アン・ドゥオールします。すると、ただ立っているときでも、脚を外側に回す筋肉と、内側にもどそうとする筋肉が、6対4ぐらいの力で引っぱり合うことになるのです。そうすると、脚全体が、タオルをしぼるように適度に緊張します。こうして脚に「緊張感をもたせる」ことで、脚の先まで意識が行き届き、なめらかな動きを作り出せるようになるのです。

また、アン・ドゥオールで筋肉を緊張させつづけると、脚全体が、バランスよく引きしまっていきます。サッカーなどのスポーツのように、脚の筋肉に強い力を入れて動かすわけではないので、細くしなやかな筋肉が作られていくのです。バレエでもっとも大切な「アン・ドゥオール」は、美しい脚を作るためにも大きな役割を果たしているのですね。

いつものレッスン ここをチェック！

無理のない、正しいアン・ドゥオールを身につけて、
脚をシェイプアップしましょう！

かかとから脚を出す

タンデュは、シンプルな動きなので、アン・ドゥオールを意識して身につけるのに最適なエクササイズです。かかとの向きに注意して、しっかり脚を開きましょう。

正面から見ると…

OK
内くるぶしが
正面を
向いている

これは
NG
内くるぶしが横
を向いて、内脚
になっている

前のタンデュ

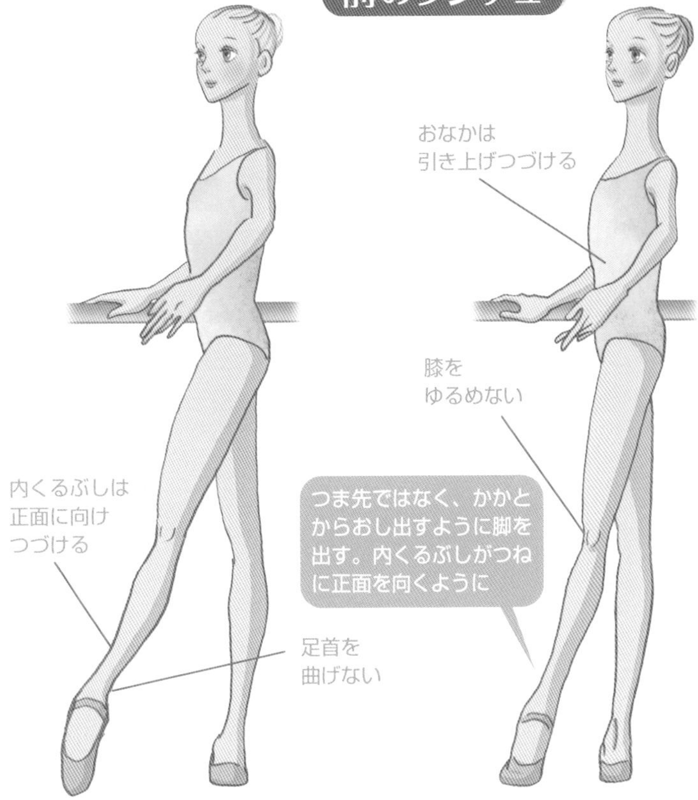
おなかは
引き上げつづける
膝を
ゆるめない
つま先ではなく、かかとからおし出すように脚を出す。内くるぶしがつねに正面を向くように
内くるぶしは
正面に向け
つづける
足首を
曲げない

① 第１ポジションで立ち、ゆびの腹《はら》で床をすりながら脚を前に出していき……、

② のばしきる。もどすときはゆびの腹で床をすりながら小ゆびからもどす

横のタンデュ

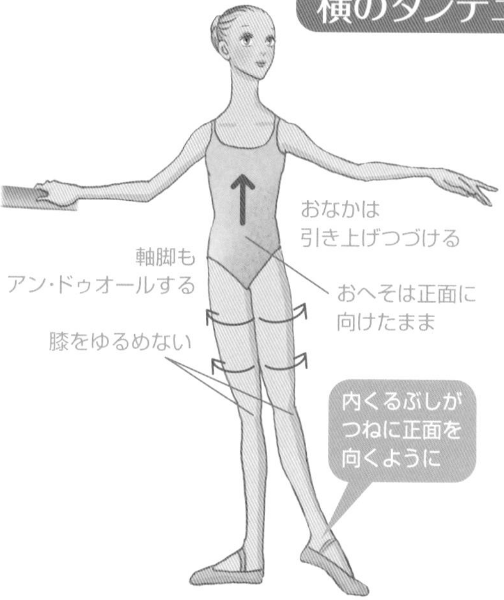
おなかは
引き上げつづける
軸脚も
アン・ドゥオールする
おへそは正面に
向けたまま
膝をゆるめない
内くるぶしが
つねに正面を
向くように

① ゆびの腹で床をすりながら
脚を横に出していき……、

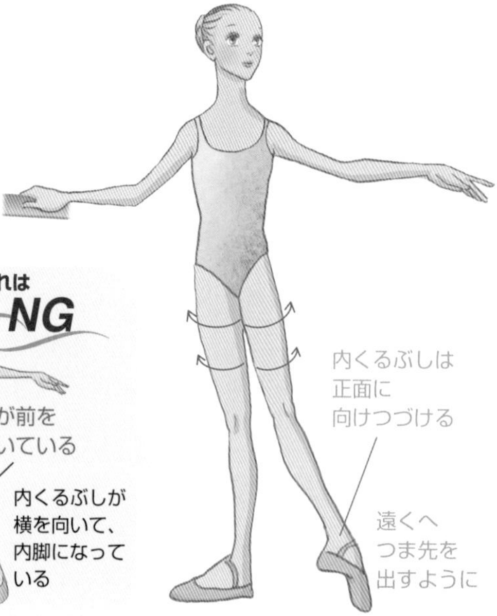
内くるぶしは
正面に
向けつづける
遠くへ
つま先を
出すように

② のばしきる。もどすときもゆびの
腹で床をすりながらかかとからもどす

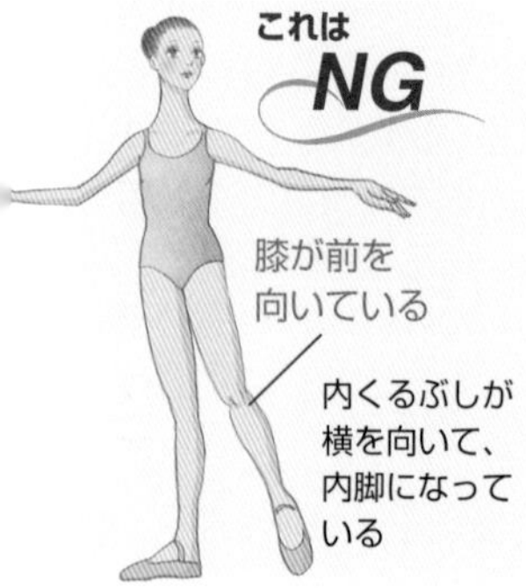
これは
NG
膝が前を
向いている
内くるぶしが
横を向いて、
内脚になって
いる

後ろのタンデュ

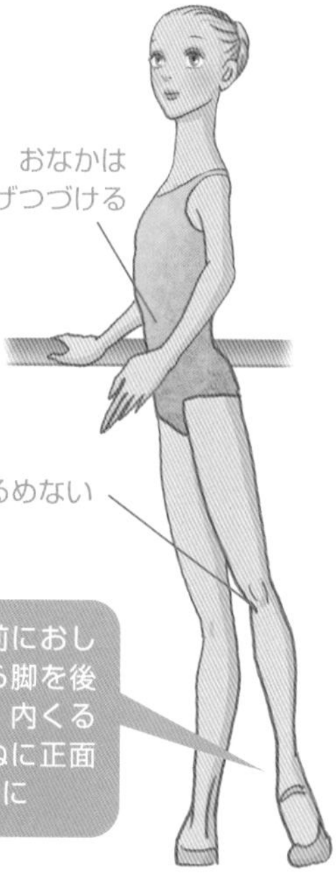
おなかは
引き上げつづける
膝をゆるめない
かかとを前におし
出しながら脚を後
ろに出す。内くる
ぶしがつねに正面
を向くように

① ゆびの腹で床をすりながら
脚を後ろに出していき……、

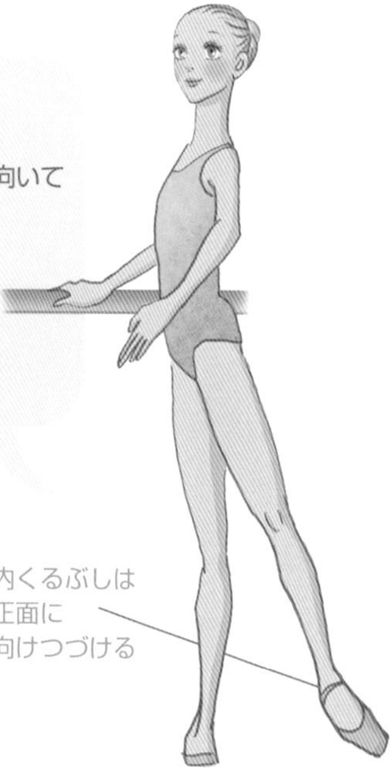
内くるぶしは
正面に
向けつづける

② のばしきる。ゆびの腹で床をすりながら
かかとからもどす

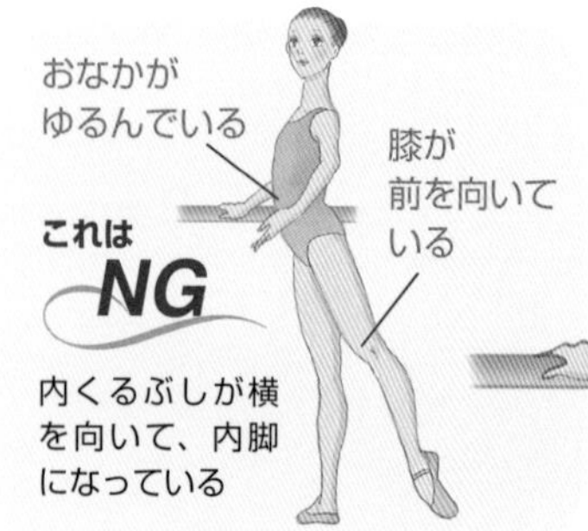
おなかが
ゆるんでいる
膝が
前を向いて
いる
これは
NG
内くるぶしが横
を向いて、内脚
になっている

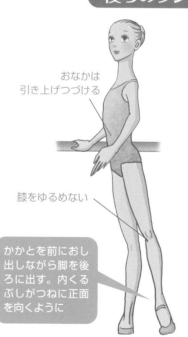

内ももで脚を持ち上げる

片脚を上げて立つときは、脚を上げることに気をとられて、ついアン・ドゥオールを忘《わす》れてしまいがち。内脚の状態で脚を上げてしまうと、前側や外側の筋肉に力を入れてしまい、脚が太くなってしまいます。「内ももで脚を持ち上げる」イメージをもち、アン・ドゥオールをキープしましょう。

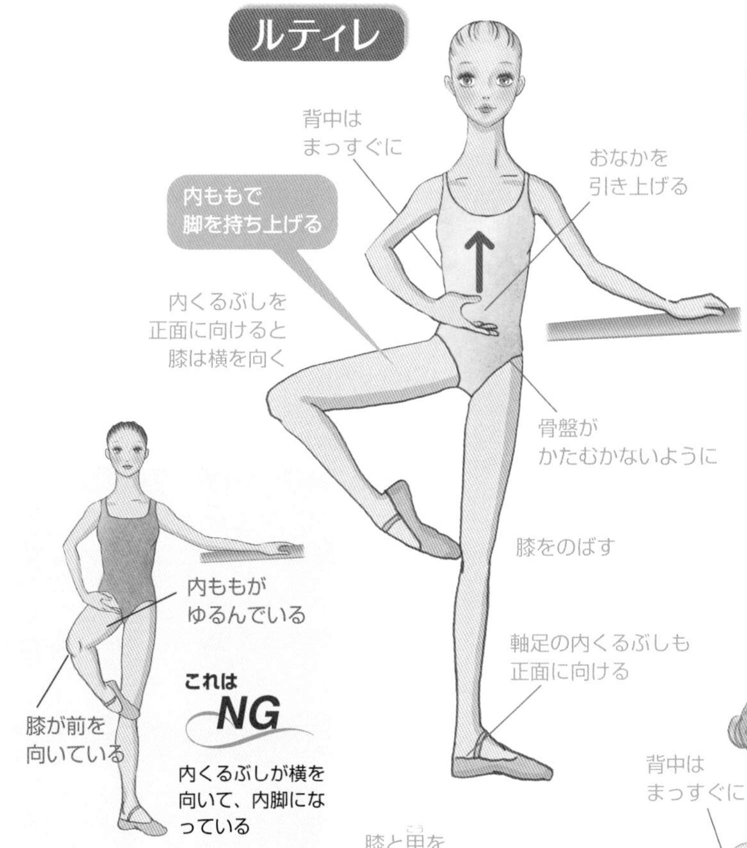
ルティレ
背中は
まっすぐに
おなかを
引き上げる
内ももで
脚を持ち上げる
内くるぶしを
正面に向けると
膝は横を向く
骨盤が
かたむかないように
膝をのばす
軸足の内くるぶしも
正面に向ける
内ももが
ゆるんでいる
膝が前を
向いている
これは
NG
内くるぶしが横を
向いて、内脚にな
っている

アラベスク
背中は
まっすぐに
膝と甲《こう》を
横に向ける
つま先まで
まっすぐのばす
おなかを
引き上げる
軸脚のつけ根を
引き上げる
内ももで
脚をキープ
膝をのばす
軸足の内くるぶしを
正面に向ける
内ももが
ゆるんでいる
これは
NG
動脚の膝と甲が
下を向いている
膝が下を
向いている
軸足の内くるぶしが
横を向いて、内脚に
なっている

おうちでもがんばろう！ 脚のエクササイズ！

脚の筋肉や腱《けん》が充分にのびていないと、アン・ドゥオールするときに、筋肉にむだな力がかかってしまいます。脚全体をしっかりストレッチしましょう。

exercise 1

座ってストレッチ

太もものうら側のハムストリングスやふくらはぎの筋肉、股関節をのばします。自然な呼吸をしながら、脚の力をぬいて、つけ根からつま先までできるだけ遠くへ引っぱるイメージで行いましょう。

※♪はカウントです（太い数字は１拍目です）

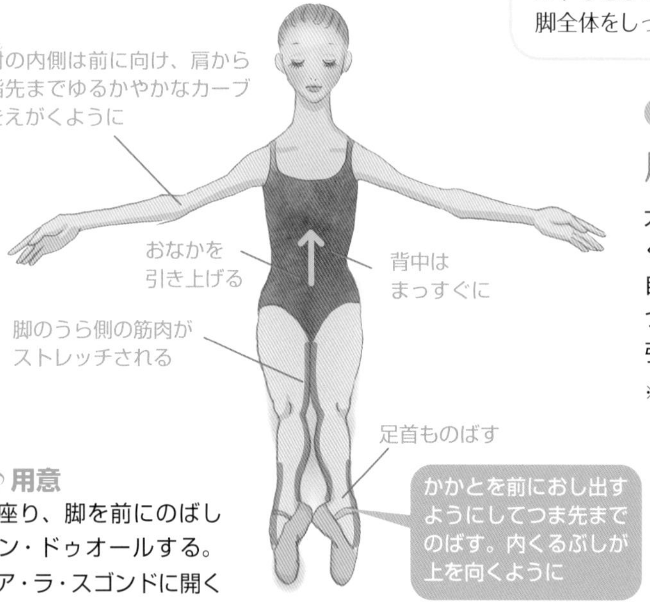

肘《ひじ》の内側は前に向け、肩から指先までゆるかやかなカーブをえがくように
おなかを引き上げる
背中はまっすぐに
脚のうら側の筋肉がストレッチされる
足首ものばす
かかとを前におし出すようにしてつま先までのばす。内くるぶしが上を向くように

① ♪用意
床に座り、脚を前にのばしてアン・ドゥオールする。
腕《うで》はア・ラ・スゴンドに開く

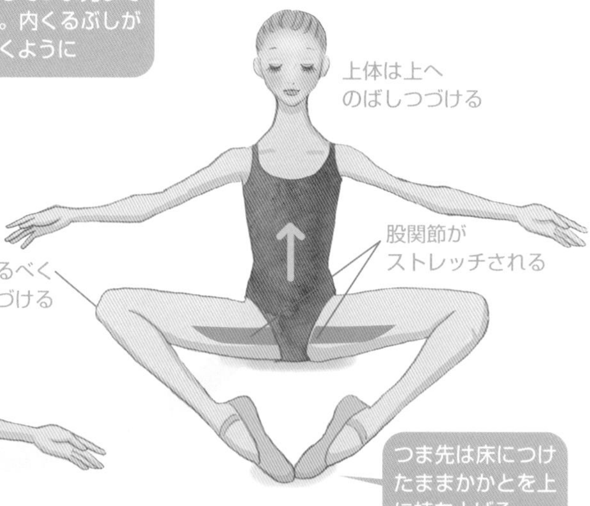

上体は上へのばしつづける
股関節がストレッチされる
膝はなるべく床に近づける
つま先は床につけたままかかとを上に持ち上げる

② ♪1，2
膝を曲げてつま先を体に引《ひ》き寄《よ》せる

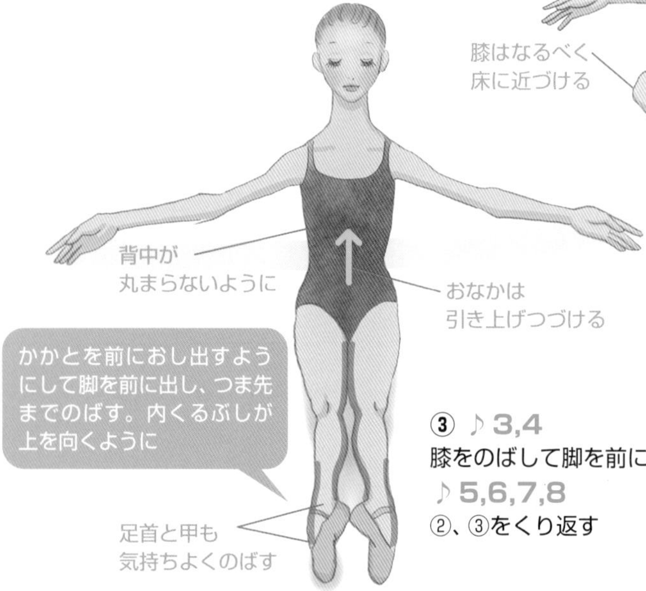

背中が丸まらないように
おなかは引き上げつづける
かかとを前におし出すようにして脚を前に出し、つま先までのばす。内くるぶしが上を向くように
足首と甲も気持ちよくのばす

③ ♪3,4
膝をのばして脚を前にのばす
♪5,6,7,8
②、③をくり返す

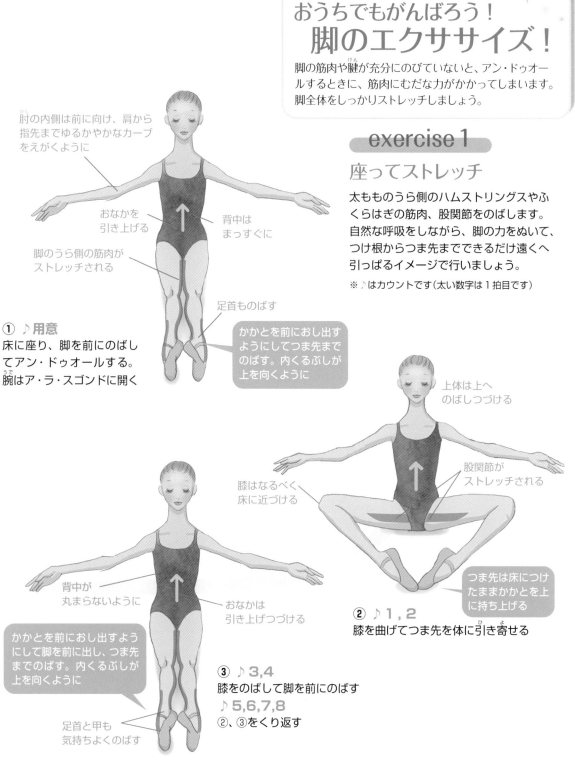

かかとを前に
おし出して足
首を曲げる

④ ♪ 2,2
足首を曲げてフレックスにし、腕はアン・バーにする

肩が上がらない
ように
甲も気持ちよく
のばす
かかとを前におし出す
ようにして足首をのば
す。内くるぶしが上を
向くように

⑤ ♪ 3,4
足をポアントにして、
腕はアン・オーにする

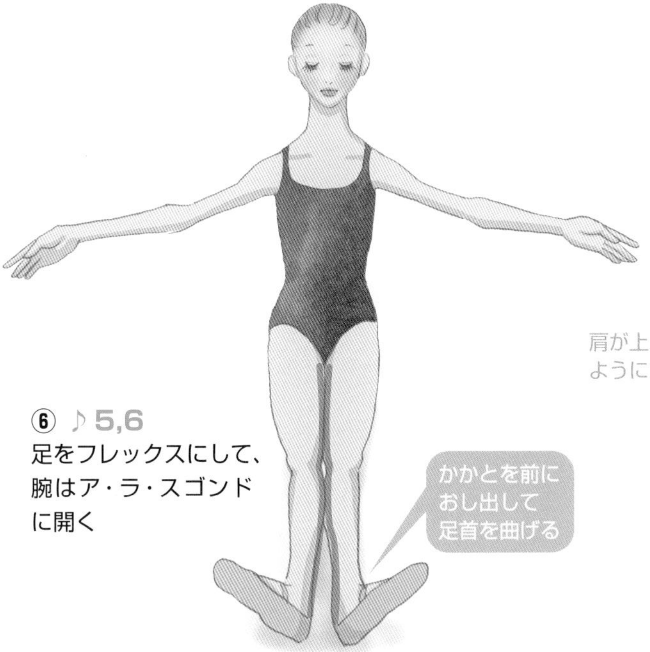
かかとを前に
おし出して
足首を曲げる

⑥ ♪ 5,6
足をフレックスにして、
腕はア・ラ・スゴンド
に開く

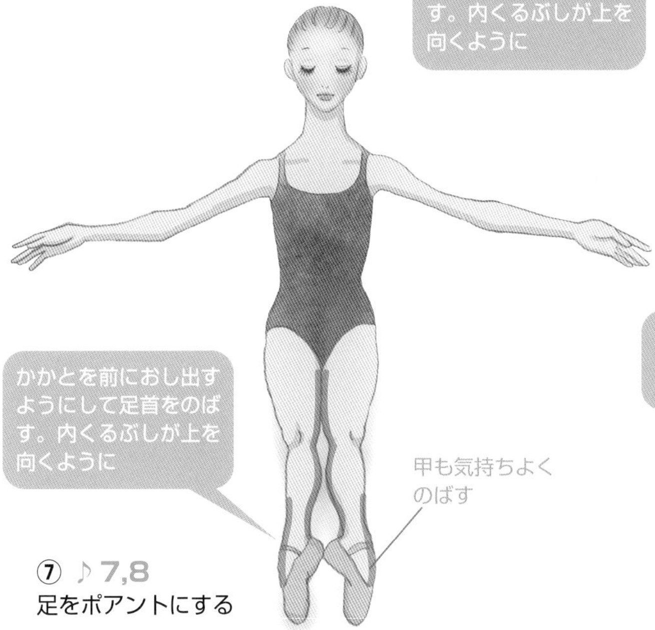
かかとを前におし出す
ようにして足首をのば
す。内くるぶしが上を
向くように
甲も気持ちよく
のばす

⑦ ♪ 7,8
足をポアントにする

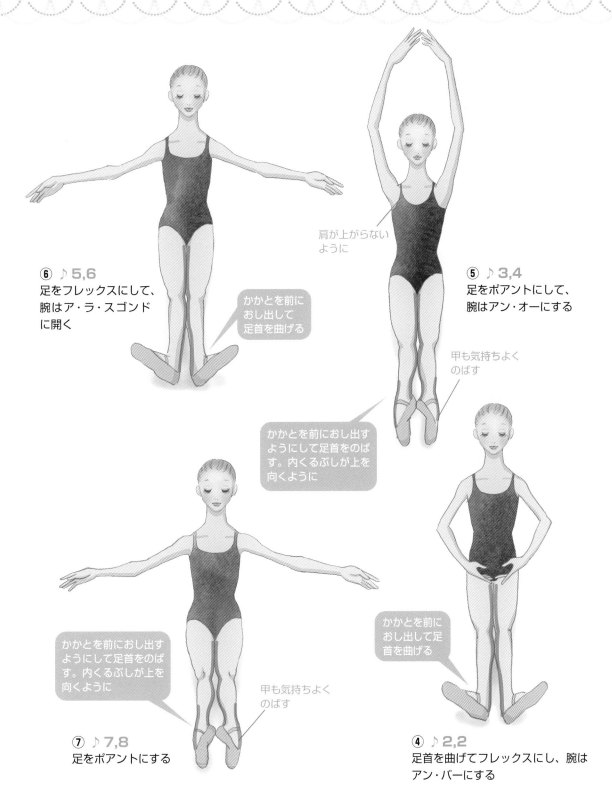

exercise 2 寝そべりストレッチ

脚のうら側の筋肉や、太ももの表側にある大腿四頭筋などをのばします。
全身の力をぬいて、リラックスした状態で行いましょう。

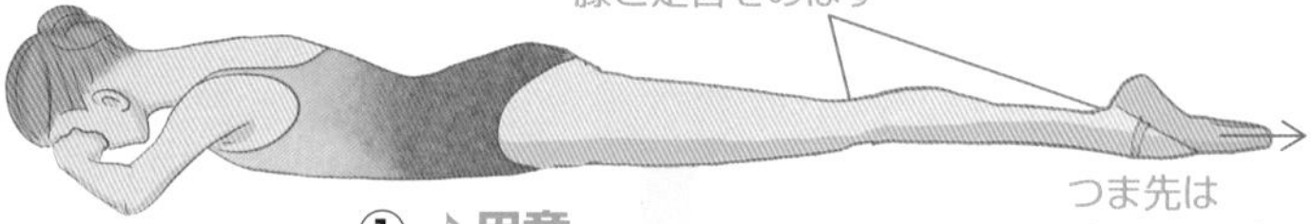
顔は腕の上に
両脚の太ももをできるだけくっつけて、膝と足首をのばす
つま先は遠くへのばす

① ♪用意

床にうつぶせになり、両脚をそろえて第6ポジションにし、ポアントにする

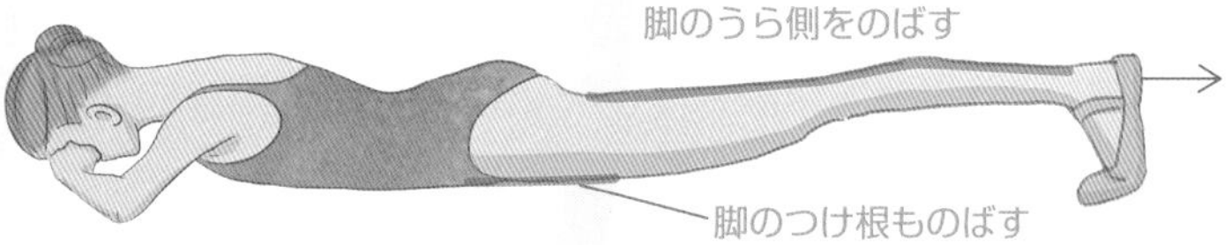
かかとを遠くへおすようにして脚のうら側をのばす
脚のつけ根ものばす

② ♪1

足をフレックスにして、床をおす

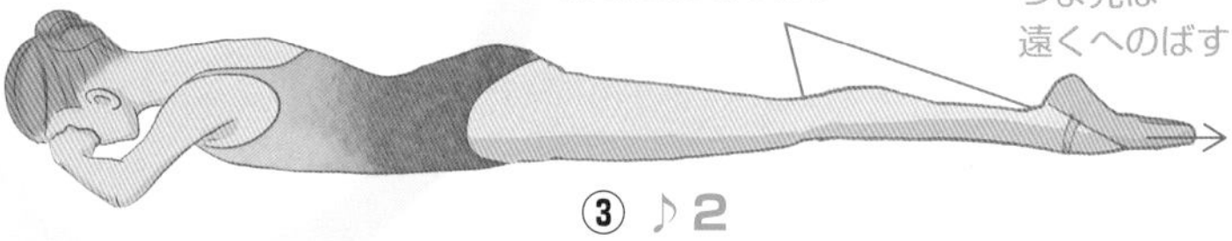
両脚の太ももをできるだけくっつけて、膝と足首をのばす
つま先は遠くへのばす

③ ♪2

足首をのばしてポアントにする

♪3,4

②、③をくり返す

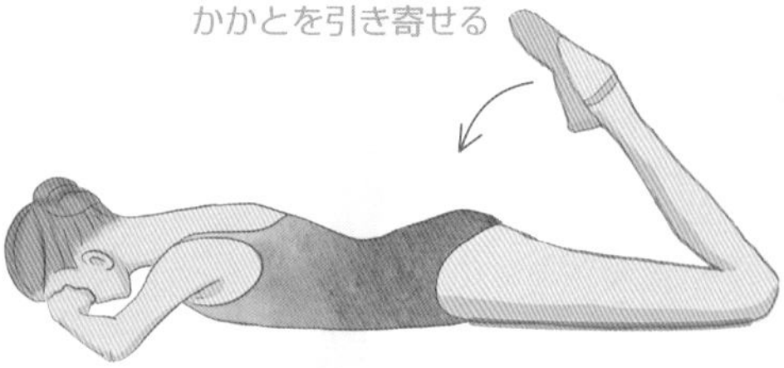
太ももの前側がのびるのを意識しながら、無理のないところまでかかとを引き寄せる

④ ♪5

膝を曲げて、かかとをおしりにできるだけ近づける

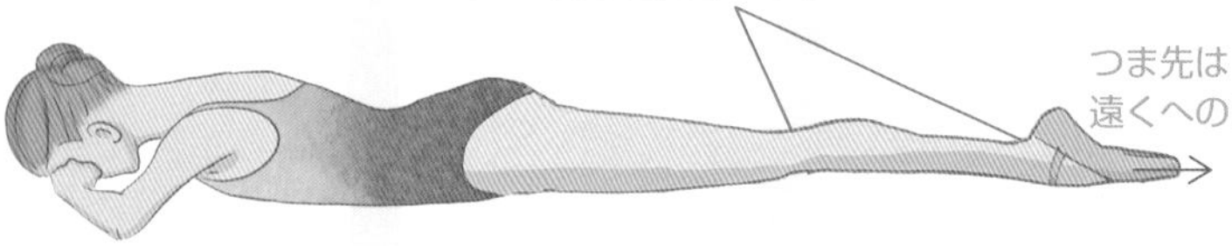
両脚の太ももをできるだけくっつけて、膝と足首をのばす
つま先は遠くへのばす

⑤ ♪6

膝と足首をのばしてポアントにする

♪7,8

④、⑤をくり返す

exercise 3

レッスン後のストレッチ

レッスンのあとにも、ストレッチをして、筋肉をクール・ダウンさせましょう。柔らかくほぐすことで、太い筋肉になるのをふせぐことができます。

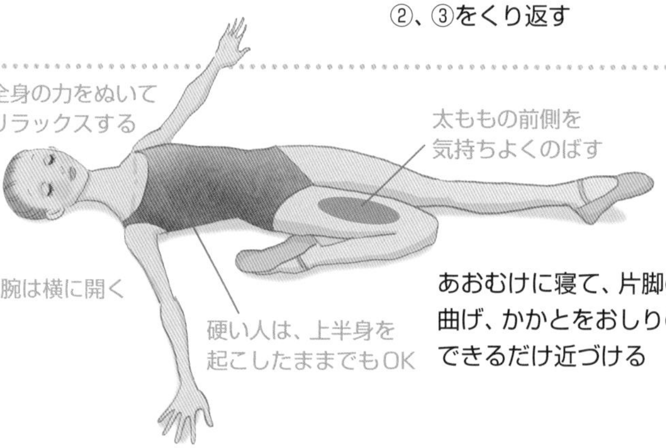
全身の力をぬいてリラックスする
太ももの前側を気持ちよくのばす
腕は横に開く
硬い人は、上半身を起こしたままでもOK

あおむけに寝て、片脚の膝を曲げ、かかとをおしりの横にできるだけ近づける

Lesson 7

すらりとのびた脚

PART 2 まっすぐな脚

今度は脚のラインに注目！
正しい立ち方や歩き方、
踊り方をふだんから意識すれば、
まっすぐな脚も夢じゃない☆

O脚の人

第6ポジションで立つと、
膝と膝のあいだにすきまが
できて「O」の形に見える

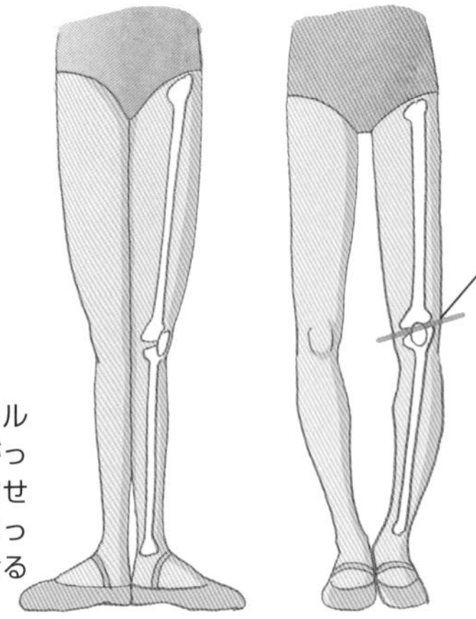
大腿骨（太ももの骨）と
すねの骨のつながる角度が
ななめになっている
アン・ドゥオール
してすねの曲がっ
た部分を回転させ
ると、O脚をまっ
すぐな脚に見せる
ことができる

図②　図①

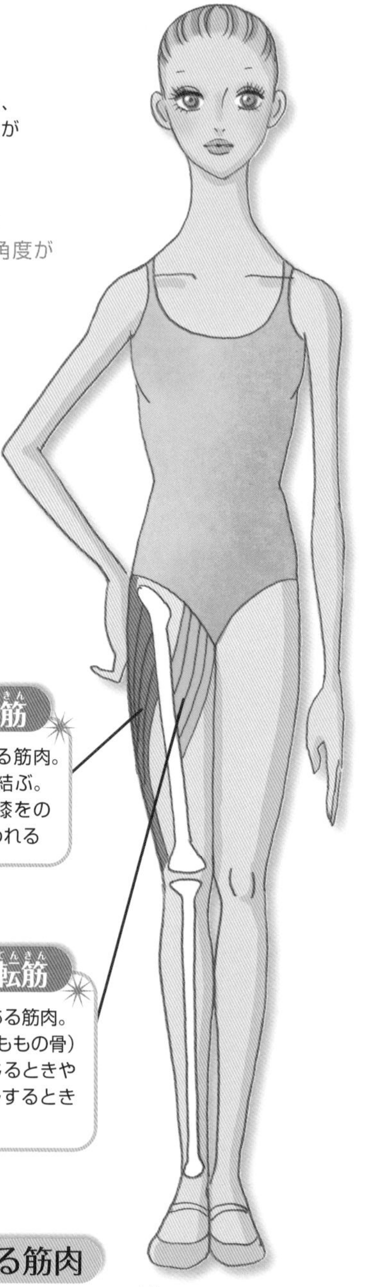
大腿筋膜張筋《だいたいきんまくちょうきん》
太ももの外側にある筋肉。
骨盤《こつばん》とすねの骨を結ぶ。
脚を上げるときや膝をの
ばすときなどに使われる
股関節内転筋《こかんせつないてんきん》
太ももの内側にある筋肉。
骨盤と大腿《だいたい》骨（太ももの骨）
を結ぶ。膝を閉じるときや
アン・ドゥオールするとき
などに使われる

O脚に関係する筋肉

股関節内転筋の力が弱く、大腿筋膜張筋が縮《ちぢ》んで
みじかくなっていると、O脚になりやすい

日本人に多い「O脚」

つけ根からつま先まで、まっすぐにのびたダンサーの脚に、あこがれたことはありませんか？　かんぺきにまっすぐな脚をもつ人は、世界中をさがしてもなかなかいません。「O脚《オーきゃく》」（図①）や「X脚《エックスきゃく》」（68ページ参照）など、人によって脚のラインはさまざまです。

O脚は、つま先をそろえて立ったときに、膝《ひざ》と膝のあいだにすきまができて、「O」の形に見える脚のこと。とくに日本人は、生まれつきO脚になりやすい習慣性《しゅうかんせい》をもっているため、なやむ人が多いようです。

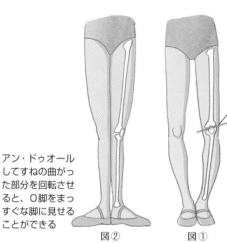

踊るときは
正しい重心の位置に
注意して

脚のラインは「膝」で決まる！

Ｏ脚のように脚が曲がってしまうのは、生まれつき骨が曲がっているからだと思っていませんか？　レントゲンで見てみると、じつは、**たいていの人の骨はまっすぐのびています**。問題は、「膝関節」なのです。

膝は、大腿骨《だいたいこつ》（太ももの骨）とすねの骨を、わずかな溝《みぞ》をはさんでつないだ形になっています。この、**骨と骨のつながる角度が、曲がってしまっているのです**。そして、いちど曲がってしまうと、年令とともにどんどんひどくなっていきます。けれども若いうちならば、脚の使い方に注意することで、まっすぐに近づけていくことができるのですよ。

正しく使ってまっすぐな脚に

バレエでは、たとえO脚でも、横に曲がった部分をアン・ドゥオールして後ろに回すことで、正面からはまっすぐな脚に見せることができます（図②）。しかし、脚の形そのものがまっすぐになるわけではありませんから、**ふだんから、脚の正しい使い方を心がけていくことが大切**です。

骨と骨の角度をゆがめてしまう大きな原因になるのは、太ももの内側にある「**股関節《こかんせつ》内転筋《ないてんきん》**」と、外側にある「**大腿《だいたい》筋膜張筋《きんまくちょうきん》**」という筋肉。股関節内転筋の力が弱かったり、大腿筋膜張筋が縮んでみじかくなっていたりすると、太もものあいだが開いて、膝が外側に曲がってしまうのです。

まずは、これらのO脚のクセのついた筋肉を充分にストレッチしましょう。レッスンでは、**おしりをしっかりしめて、脚をまっすぐにのばして立つことで、これらの筋肉をストレッチすることができます**。

膝をねじらないことも、関節をゆがめないためには重要です。つま先を前に向けて立つときは、膝もまっすぐ前に向けます。アン・ドゥオールして第1ポジションで立つときも、膝から下だけをねじって開かないように、**膝とつま先は同じ方向に向けましょう**。

そして、重心の位置にも気をつけて。外側に体重をかけて踊ってしまうと、膝の関節が曲がってしまいます。**つま先や膝の向き、上体の位置に注意して、いつでもまっすぐな姿勢《しせい》をキープしましょう**。

日常生活での心がけも忘《わす》れずに。たとえば、歩き方です。学生の場合なら、1日に3000歩以上は歩いているはずですから、外側に体重をかけて歩かないようにするだけでも、脚のラインはずいぶん変わってくるはずですよ。

コラム

「X脚」と「ダンサーのX脚」

つま先をそろえて立ったときに、膝はくっつくけれど足先だけがはなれる脚のことを、「X脚」といいます。日本人でX脚を持つ人はまれですが、バレエではよく聞きますね。これは、ふつうの人とはちがう、「ダンサーのX脚」といわれる脚のこと。つま先をそろえて立っているときはまっすぐに見えますが、膝が後ろに反っているため、第1ポジションに開くと、両足のかかとがはなれる脚のことをいいます。

ダンサーのX脚

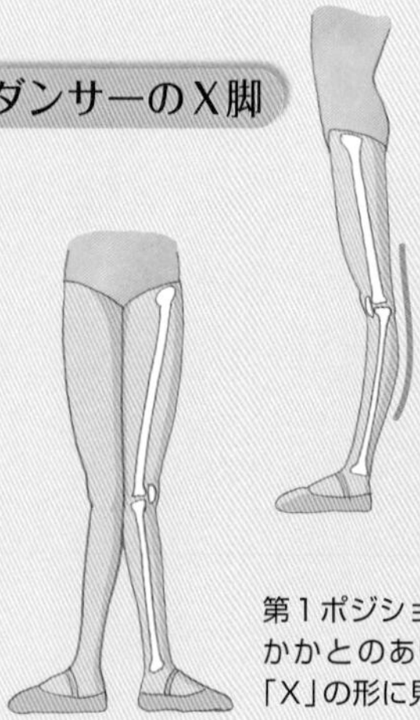

つま先をそろえて立つと、膝が後ろに反っている。バレエでは一般的に、この「しなったライン」が美しいといわれる。しかし、重心が不安定になりやすいなどの面もある

第1ポジションで立つと、両足のかかとのあいだがくっつかず、「X」の形に見える

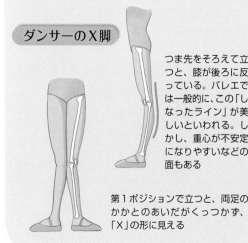

いつものレッスン ここをチェック！

膝をのばしてまっすぐに立ち、脚を正しく使いましょう。

まっすぐに立つ

おしりをしめて背中をのばし、まずは第１ポジションで正しく立ちましょう。そうすることで、Ｏ脚の原因となる筋肉をストレッチすることができます。また、膝から足首までが床に対して垂直《すいちょく》（まっすぐ）になるように注意して。かたむいた状態でレッスンをつづけると、膝の関節がゆがんでしまいます。

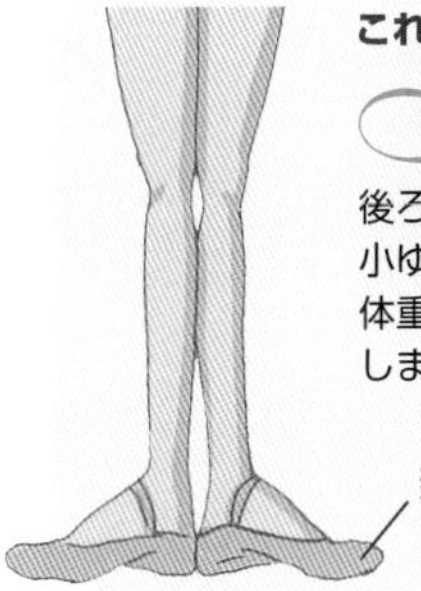

親ゆびがういて
しまっている

これは NG

後ろ重心で立ち、小ゆび側だけに体重をかけてしまっている

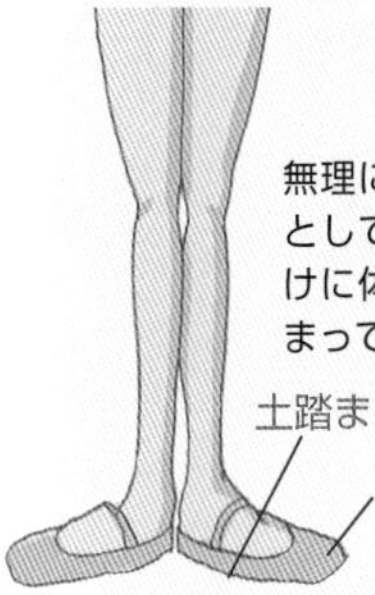

土踏まずが落ちている
小ゆびがういて
しまっている

これは NG

無理に足先を開こうとして、親ゆび側だけに体重をかけてしまっている

これは NG

膝を引っこめようとして、膝を後ろにおしてしまっている

※膝の関節に横から無理に力をかけることになり痛めてしまうので、ぜったいにやめましょう

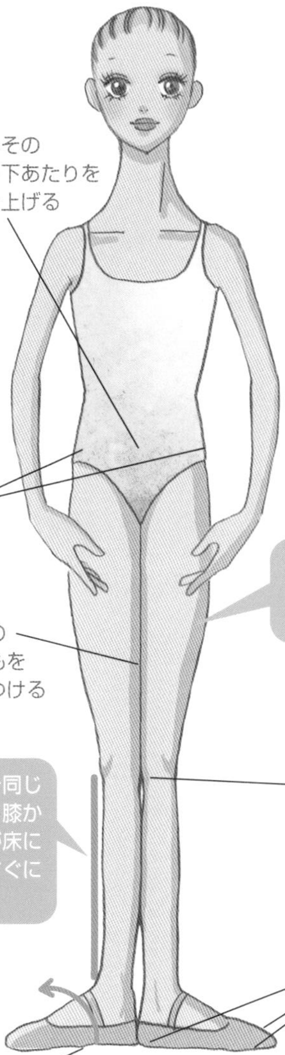

おへその
少し下あたりを
引き上げる
おしりをしめて、
背中をまっすぐにのばす
左右の
腰骨は
同じ高さに
大腿筋膜張筋と
股関節内転筋が
ストレッチされる
両脚の
太ももを
くっつける
膝とつま先を同じ方向に向け、膝から足首までが床に対してまっすぐになるように
膝をなるべくつける
※膝をなかにおしこむような立ち方はしないこと。
関節を痛めてしまいます
体重は、親ゆびのつけ根、
小ゆびのつけ根、かかとの
３点にかける
土踏まずを
引き上げる

まっすぐな姿勢をキープ

片脚を上げて重心が移動するときや、プリエやジャンプで体が上下に動くときなども、まっすぐ立っていられるよう、フォンデュで練習してみましょう。重心が左右や前後にかたむいてしまうと、脚の筋肉や膝によけいな負担《ふたん》がかかってしまいます。

前のフォンデュ

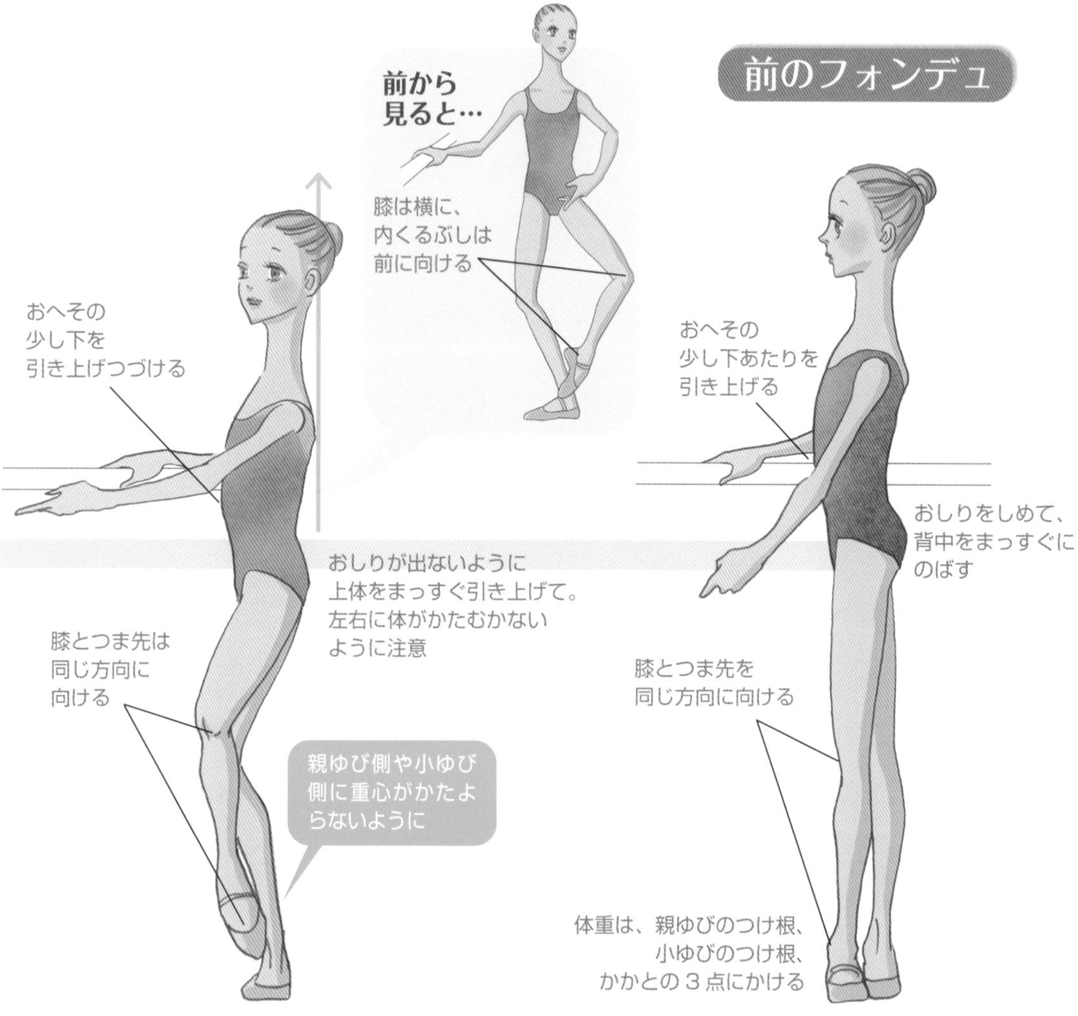
前から
見ると…
膝は横に、
内くるぶしは
前に向ける
おへその
少し下を
引き上げつづける
おしりが出ないように
上体をまっすぐ引き上げて。
左右に体がかたむかない
ように注意
膝とつま先は
同じ方向に
向ける
親ゆび側や小ゆび
側に重心がかたよ
らないように
おへその
少し下あたりを
引き上げる
おしりをしめて、
背中をまっすぐに
のばす
膝とつま先を
同じ方向に向ける
体重は、親ゆびのつけ根、
小ゆびのつけ根、
かかとの３点にかける

① 腕《うで》はアン・バーにして、第５ポジションで立つ

② 両脚の膝をゆっくり曲げて、軸脚はドゥミ・プリエに、動脚は前のスュル・ル・ク・ド・ピエにする。腕はアン・ナヴァンに

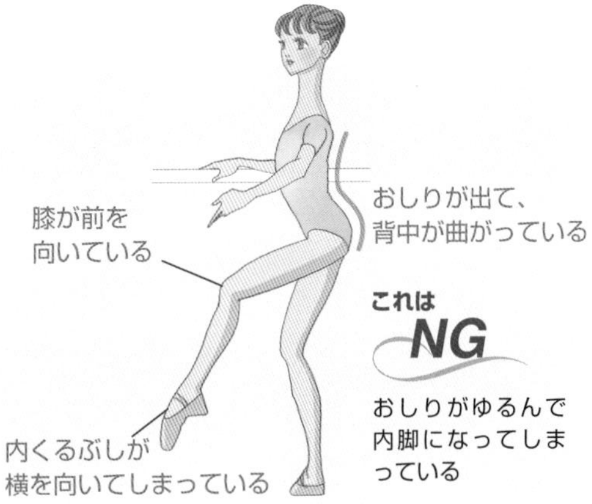
膝が前を
向いている
おしりが出て、
背中が曲がっている
これは
NG
おしりがゆるんで
内脚になってしま
っている
内くるぶしが
横を向いてしまっている

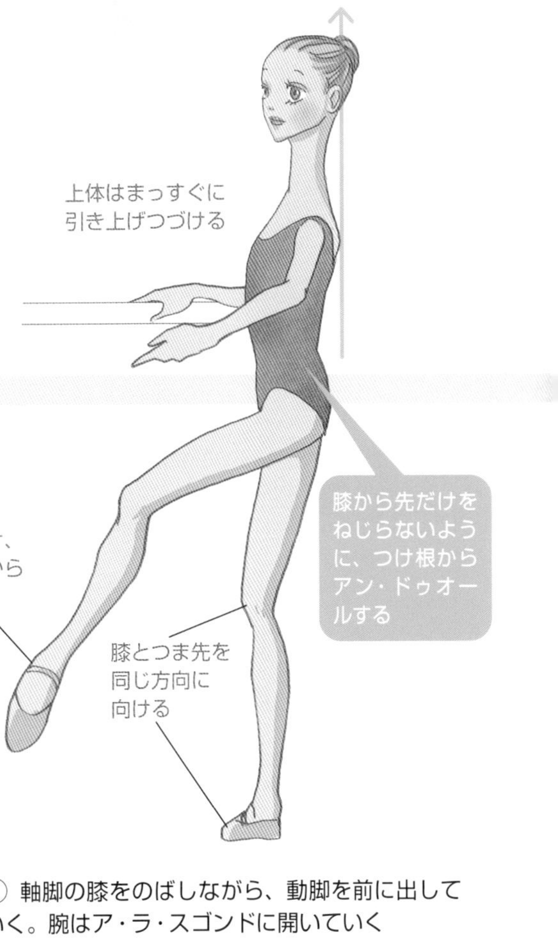
上体はまっすぐに
引き上げつづける
膝から先だけを
ねじらないよう
に、つけ根から
アン・ドゥオー
ルする
膝は横に向け、
内くるぶしから
前に出す
膝とつま先を
同じ方向に
向ける

③ 軸脚の膝をのばしながら、動脚を前に出していく。腕はア・ラ・スゴンドに開いていく

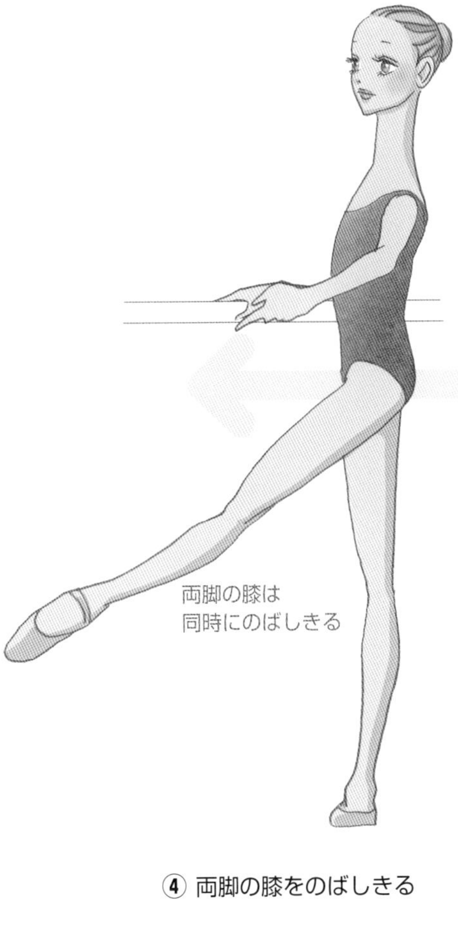
両脚の膝は
同時にのばしきる

④ 両脚の膝をのばしきる

横のフォンデュ

前のフォンデュと同じように、軸脚《じくあし》をドゥミ・プリエに、動脚を前のスュル・ル・ク・ド・ピエにし、軸脚の膝をのばしながら、動脚を横に上げていく

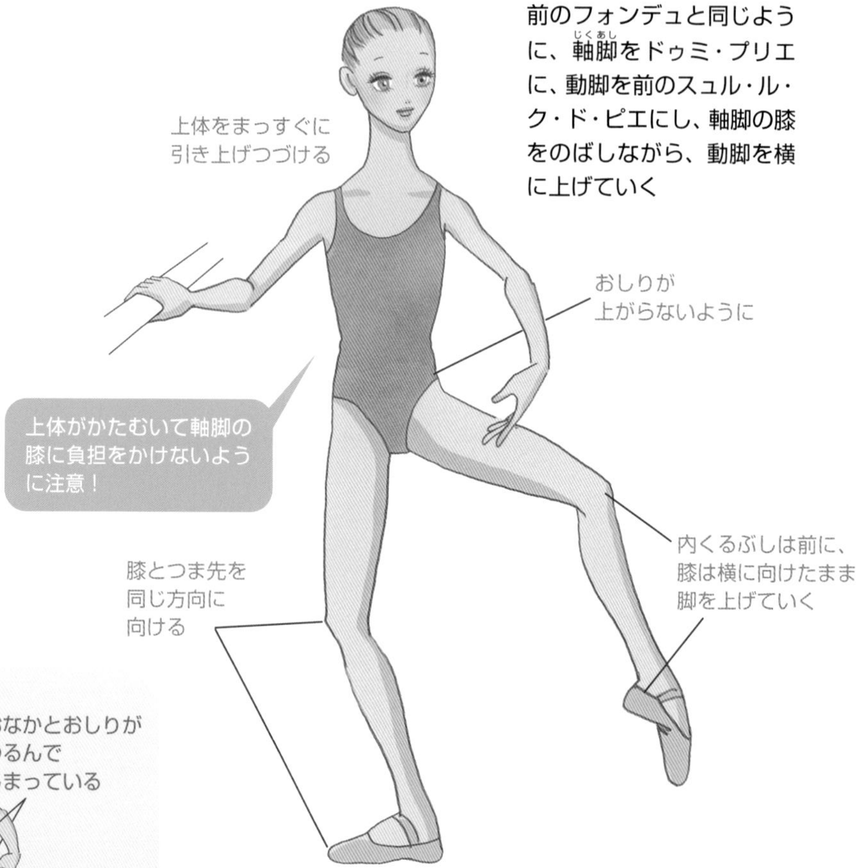
上体をまっすぐに
引き上げつづける
おしりが
上がらないように
上体がかたむいて軸脚の膝に負担をかけないように注意！
膝とつま先を
同じ方向に
向ける
内くるぶしは前に、
膝は横に向けたまま
脚を上げていく

これは
NG
おなかとおしりが
ゆるんで
しまっている
上体が軸脚のほうに
かたむいて
しまっている

後ろのフォンデュ

軸脚をドゥミ・プリエに、動脚を後ろのスュル・ル・ク・ド・ピエにし、軸脚の膝をのばしながら、動脚を後ろに出していく

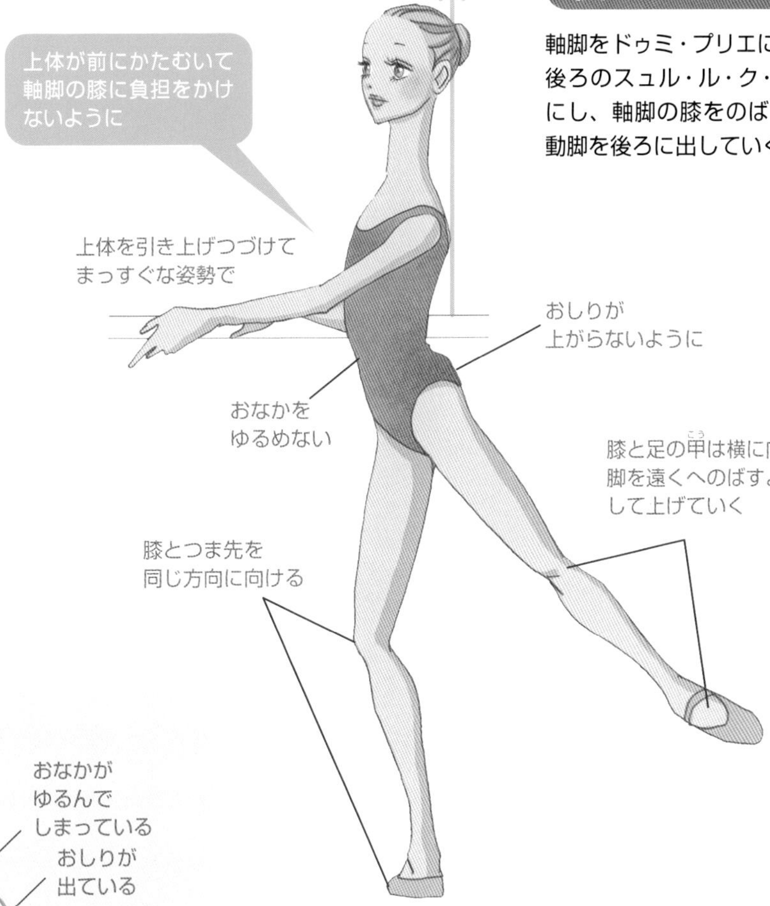
上体が前にかたむいて軸脚の膝に負担をかけないように
上体を引き上げつづけてまっすぐな姿勢で
おしりが上がらないように
おなかをゆるめない
膝と足の甲《こう》は横に向け、脚を遠くへのばすようにして上げていく
膝とつま先を同じ方向に向ける

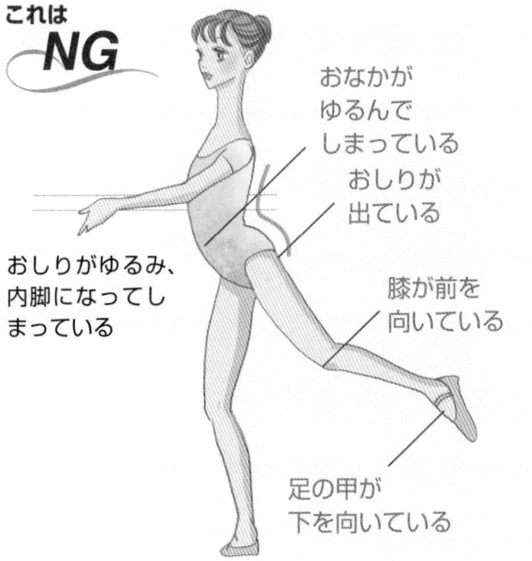
これは
NG
おなかがゆるんでしまっている
おしりが出ている
おしりがゆるみ、内脚になってしまっている
膝が前を向いている
足の甲が下を向いている

おうちでもがんばろう！
脚のエクササイズ！

まっすぐに立つために必要な筋肉をきたえ、
脚のうら側もストレッチしましょう。

exercise 1

足うらの筋力をつける

親ゆび側や小ゆび側にかたよらずにまっすぐに立つためには、足うらの筋肉をきたえ、土踏まずのアーチをキープしつづけることが大切です。タオルを使ってトレーニングしてみましょう。

① 足のゆびをまっすぐにのばし、土踏まずのアーチを引き上げる

② ５本のゆびの腹《はら》を使って、タオルを少しずつ手前に引《ひ》き寄《よ》せる

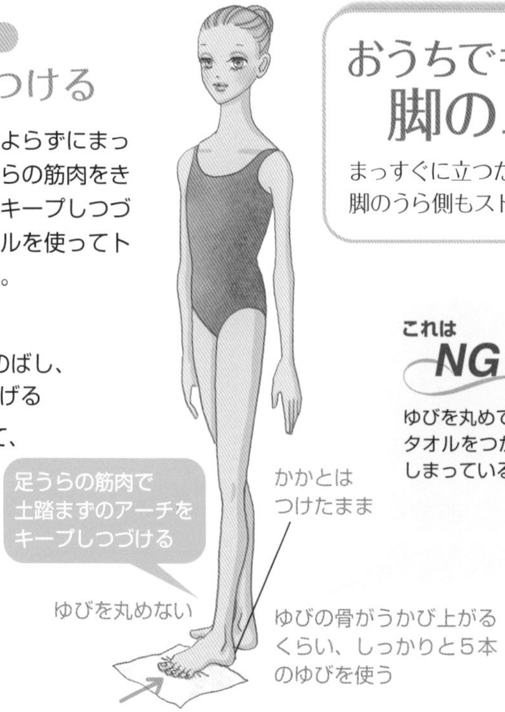

足うらの筋肉で
土踏まずのアーチを
キープしつづける
かかとは
つけたまま
ゆびを丸めない
ゆびの骨がうかび上がる
くらい、しっかりと５本
のゆびを使う

これは
NG
土踏まずが
落ちている
ゆびを丸めて
タオルをつかんで
しまっている

exercise 2

脚のうら側をストレッチ

膝や太もものうら側をしっかりのばしてまっすぐ立つために、片脚をバーにかけて脚のうら側をストレッチしましょう。両脚とも、膝から下だけをねじってしまわないように、膝とつま先は同じ方向に向けましょう。

脚を前に上げる
脚のつけ根から
つま先まで
まっすぐのばす
おへそは
バーの
ほうに
向ける
膝は横に、
内くるぶしは
上に向ける
左右の腰骨は同じ高さ
にそろえ、おしりが脚
といっしょに持ち上が
らないように
つけ根から
アン・ドゥオール
する
膝うらを
のばす
膝とつま先は
同じ方向に
フレックスにして
脚のうら側の筋肉
をさらにのばす
膝は横に、
内くるぶしは
上に向けたまま
膝うらを
しっかりのばす

② 足をフレックスにして、上半身をしっかりのばしてから前にたおす

① バーの正面に立ち、腕はアン・オーにして、片脚を前に上げ、バーにのせる

これは
NG
内くるぶしが
横を向いて
しまっている
内脚になって
しまっている
膝が上を向いて
しまっている
脚といっしょにおしりが
上がり、片ほうの腰骨が
上がってしまっている

脚を横に上げる

これは NG

内脚になってしまっている

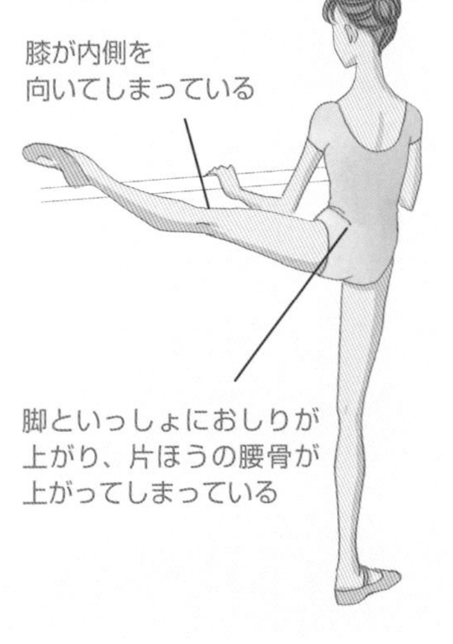
膝が内側を
向いてしまっている
脚といっしょにおしりが
上がり、片ほうの腰骨が
上がってしまっている

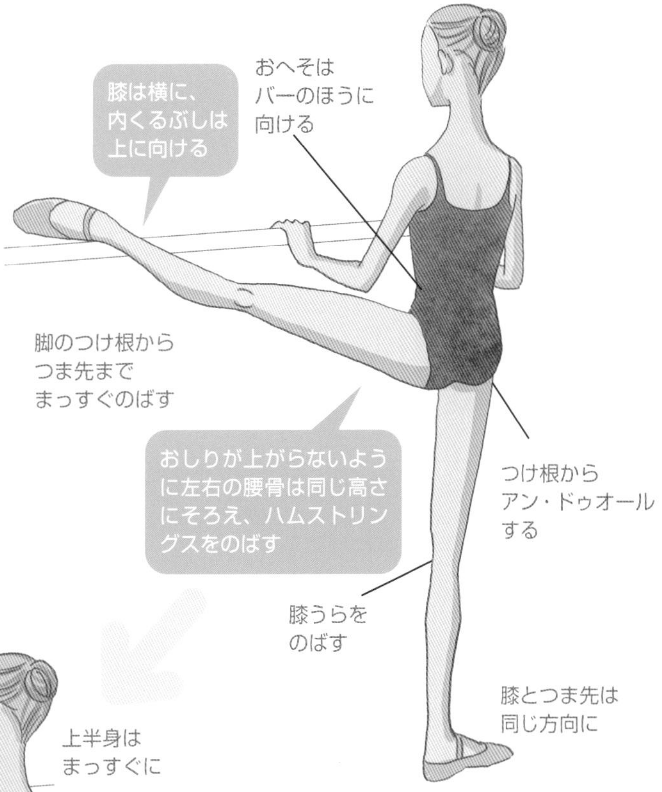
膝は横に、
内くるぶしは
上に向ける
おへそは
バーのほうに
向ける
脚のつけ根から
つま先まで
まっすぐのばす
おしりが上がらないよう
に左右の腰骨は同じ高さ
にそろえ、ハムストリン
グスをのばす
つけ根から
アン・ドゥオール
する
膝うらを
のばす
膝とつま先は
同じ方向に

① バーの正面に立ち、両手はバーに置き、片脚を横に上げ、バーにのせる

膝は横に、内くるぶしは
上に向けたまま
上半身は
まっすぐに
膝うらを
しっかりのばす
膝は、つま先と
同じ方向に
向けて

② 脚をバーにのせたまま、ドゥミ・プリエする

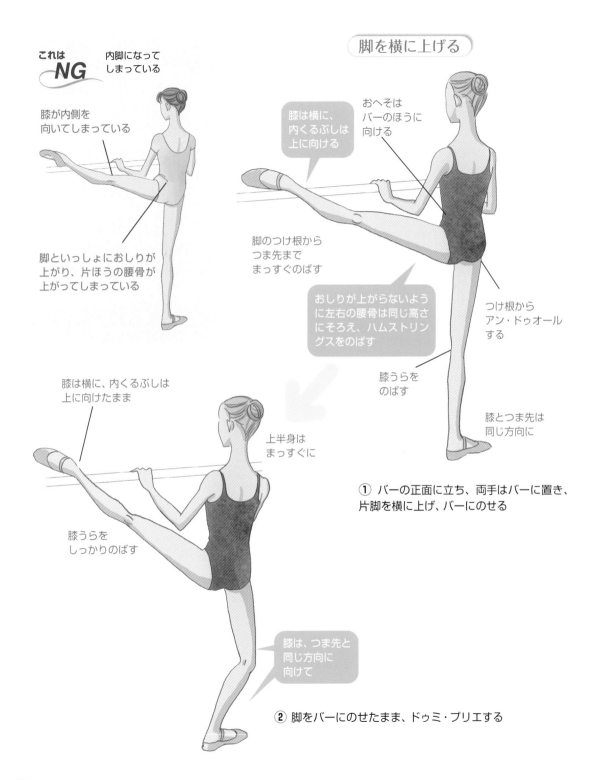

レッスン後の小さな魔法

まっすぐな脚は、ふだんの心がけから！

脚のラインは、長い時間をかけてだんだん変化していくもの。レッスンだけでなく、ふだんの生活でも、膝やつま先の向きに注意しましょう。いつでも「美しく立つ」意識を持つことで、脚のラインもみがかれていきますよ★

立つとき

ふだんの生活では、膝とつま先はきちんと前に向けて立ちましょう。両脚の膝をくっつけて立つと、内転筋のエクササイズにもなります。また、片脚だけに体重をかけたり、外股《そとまた》や内股《うちまた》で立っていると、膝の関節がゆがみ、O脚の原因になってしまいます。両脚にきちんと体重をのせて、まっすぐに立ちましょう。

歩くとき

歩くときも、膝とつま先は前に向けて、まっすぐ歩きましょう。バレエのときのように膝を横に開いて歩いていると、体重を外側にかけながら歩くことになり、膝によくありません。くつ底の外側だけがへってしまっている人は要注意です！　また、前にけり出した足は、かかとから地面につけるようにすると、膝をのばして歩くことができます。

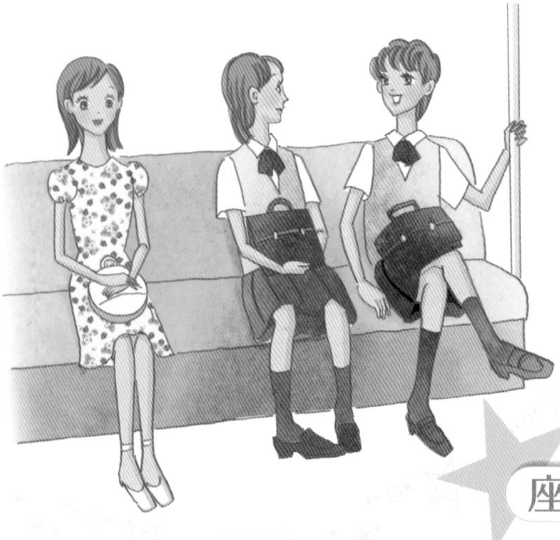

座るとき

両脚の膝はきちんとそろえて、美しく座りましょう。

Lesson 8

美しくのびた
甲とつま先

バレリーナのように美しくしなる甲《こう》は、
どうやったら手に入るの？
甲やつま先のしくみを知って正しくきたえると、
ふだんの立ちすがたもピシッとかっこよく
きまりますよ！

「弓」のようにアーチを作る

まずは足の仕組みを見てみましょう。甲とつま先は、小さな骨がたくさん集まってできていて（80ページ図①）、骨どうしは靭帯《じんたい》（骨と骨をつなぐかたいバンド）でしっかりと結ばれています。さわってみるとわかりますが、甲には、筋肉はほとんどありません。いっぽう、足うらには、骨にそってうすい筋肉「足底筋《そくていきん》」がついており、その上を腱膜《けんまく》（筋肉と骨を結ぶ膜）がおおっています（図②）。

　横から見ると、足の骨は山のようにカーブしていますね。この骨のカーブを「弓」の木の部分だとすると、弦《つる》にあたるのは足底筋や腱膜。弦がしっかりとしたはりを持っていることで、木のカーブはたもたれます。もしも弦がのびきったゴムのようにはりを失ってしまうと、木はまっすぐにのびてしまいます。すると、骨のカーブによって引き上がっていた土踏まずが落ちてしまうのです。

足裏（図②）

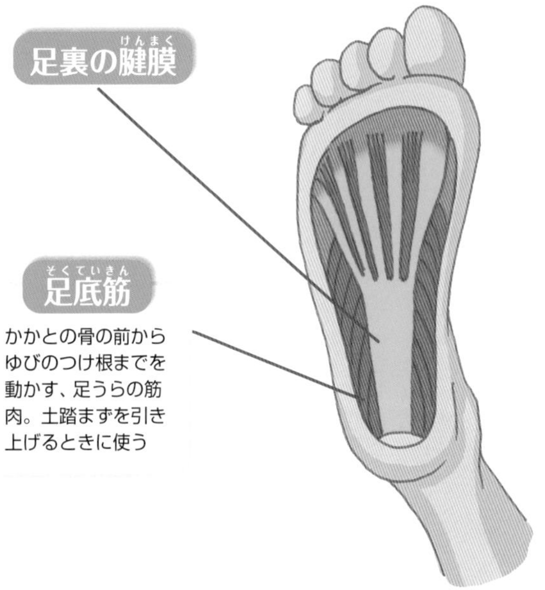
足裏の腱膜《けんまく》
足底筋《そくていきん》
かかとの骨の前からゆびのつけ根までを動かす、足うらの筋肉。土踏まずを引き上げるときに使う

どうやったら甲が出るの?

ポアントにするときは、下の図のように、かかとが引き上げられ、足首がのびます。同時に、足底筋がきゅっと縮《ちぢ》んで骨のカーブを高くし、甲が出るのです。ですから、しっかり甲を出すためには、この筋肉をきたえることが大切です。

足底筋は、床をすったりつかんだりすることで、きたえられます。とくに効果的《こうかてき》なのは、タンデュやグリッサード、フラッペなど。床を感じながら、ていねいに行いましょう。このとき、ゆびを丸めないように注意してください。ゆびと足底筋はつながっていて、ゆびが曲がってしまうと足底筋の動きをじゃましてしまいます。反対に、ゆび先をのばすときは、足首や甲がのびていないと、ゆび先もきちんとのびない仕組みになっています。甲を出すときは、足首をのばし、ゆび先も遠くへのばすイメージで行うとよいでしょう。

足底筋をきたえることは、床をつかんでぐらつかずに立つためにも役立ちます。外反《がいはん》母趾《ぼし》の予防にもなるんですよ。

ポアントで立つ仕組み

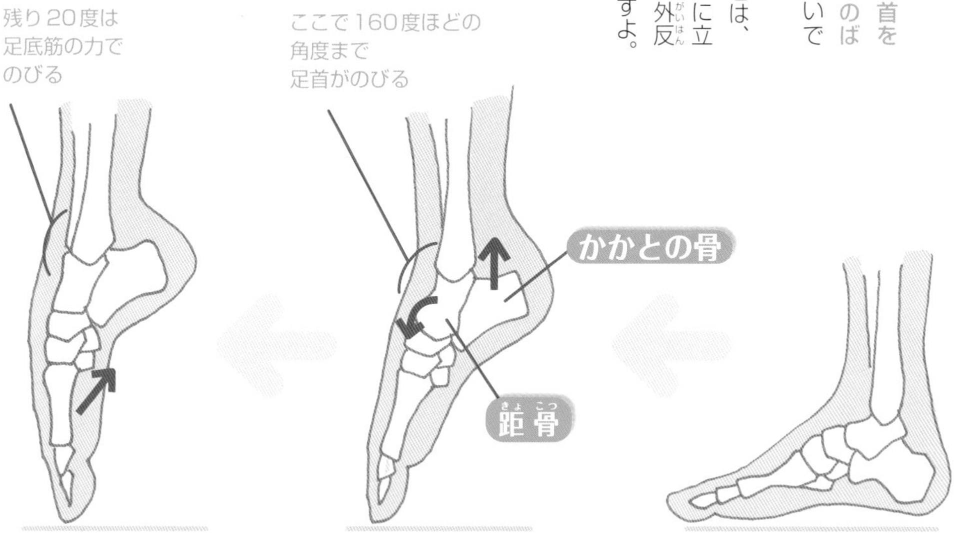
残り20度は
足底筋の力で
のびる
ここで160度ほどの
角度まで
足首がのびる
かかとの骨
距骨《きょこつ》

① 足うらを床につけたア・テールの状態

② 甲をのばそうとすると、かかとの骨がアキレス腱《けん》によって上に引き上げられ、距骨《きょこつ》がくるりと動いて足首がのびる

③ 同時に、足底筋がきゅっと縮まって、足のアーチを高くする

バレエの理想は「しなやかな甲」

床をする動きが多いスポーツ――たとえば、剣道《けんどう》や柔道などでも、足底筋がきたえられます。けれどもこれらの運動では、甲は高い状態のまま固定され、足底筋や足うらの腱膜のしなやかさは要求されません。

しかし、バレエでは、ルルヴェから下りるときやジャンプのとき、衝撃《しょうげき》をやわらげるためにつま先からなめらかに着地しなければいけませんね。ですから、足うらの柔らかさも求められるのです。

バレエには、足うらの強さと柔軟性を同時に身につけるためのエクササイズが、たくさんふくまれています。日ごろのレッスンをていねいに行うことはもちろん、より効果的にきたえるためのトレーニングもプラスして、美しくしなやかな甲をめざしましょう!

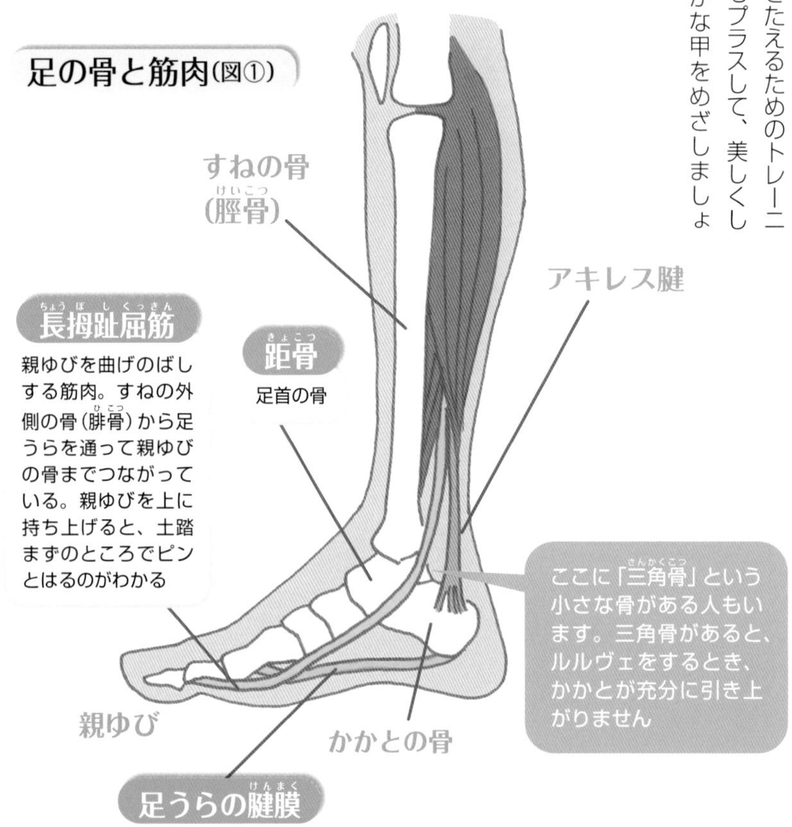

足の骨と筋肉(図①)
すねの骨(脛骨《けいこつ》)
アキレス腱
長拇趾屈筋《ちょうぼしくっきん》
親ゆびを曲げのばしする筋肉。すねの外側の骨(腓骨《ひこつ》)から足うらを通って親ゆびの骨までつながっている。親ゆびを上に持ち上げると、土踏まずのところでピンとはるのがわかる
距骨《きょこつ》
足首の骨
ここに「三角骨《さんかくこつ》」という小さな骨がある人もいます。三角骨があると、ルルヴェをするとき、かかとが充分に引き上がりません
親ゆび
かかとの骨
足うらの腱膜《けんまく》

いつものレッスン ここをチェック!

つねに床を意識して、足先を柔らかく使いましょう。

床を感じて立つ

手のひらで物をつかむように、足底筋を使って床をしっかりつかみましょう。ゆびをつけ根から床にしっかりつけて立つだけでも、足うらの筋肉のエクササイズになります。目をとじて行うと、より床を感じられますよ。

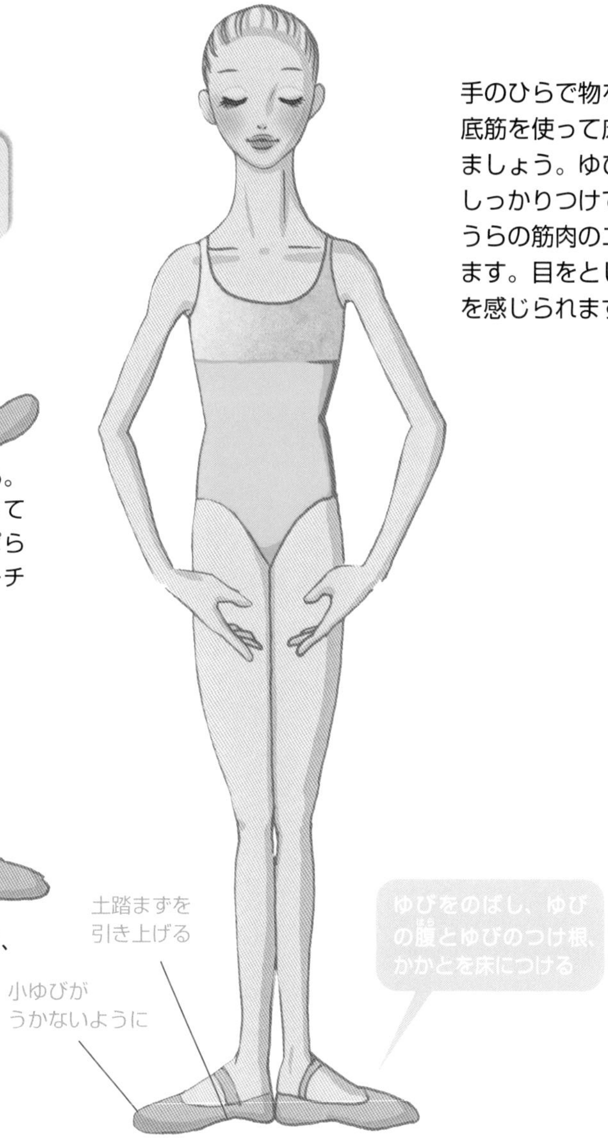
土踏まずを
引き上げる
小ゆびが
うかないように
ゆびをのばし、ゆびの腹《はら》とゆびのつけ根、かかとを床につける

「土踏まずを引き上げる」感覚をつかむには…

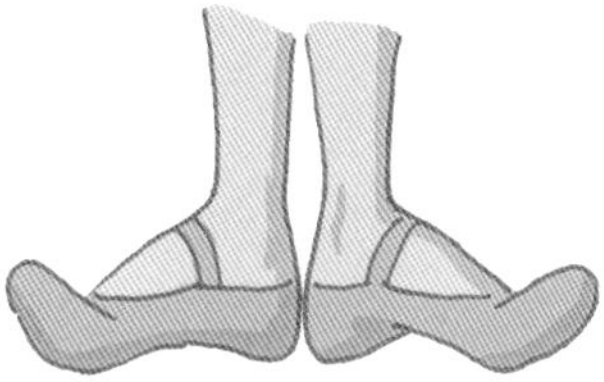

① つま先を上に持ち上げる。すると、親ゆびにつながっている足うらの腱膜が引っぱられるため、土踏まずのアーチが高くなる

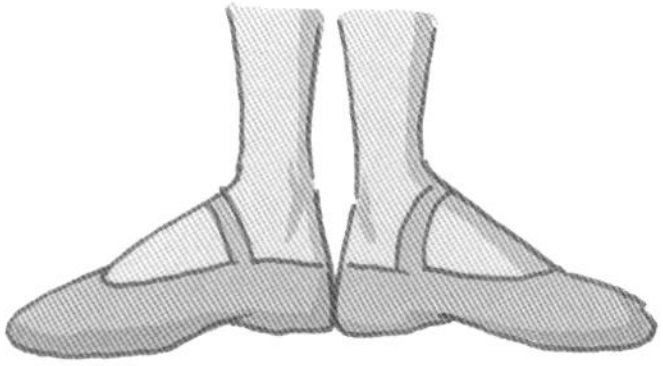

② アーチをキープしたまま、つま先を床に下ろす

足うらで床をする

足うらで床をすると、反射的《はんしゃてき》に足底筋がキュッと縮みます。
これをくり返し行うことで、筋肉が強くなっていきます。

バットマン・デガジェ

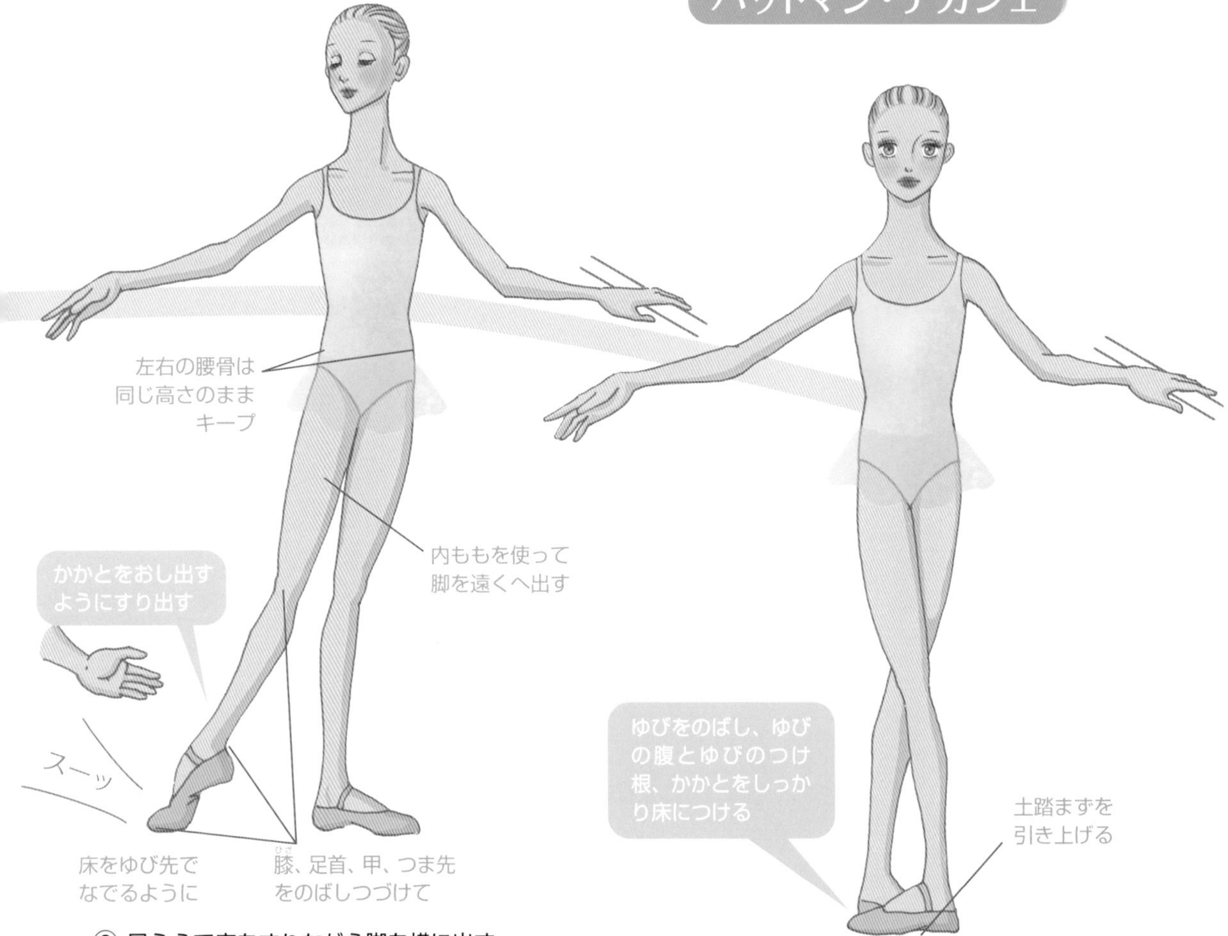

左右の腰骨は
同じ高さのまま
キープ
かかとをおし出す
ようにすり出す
内ももを使って
脚を遠くへ出す
スーッ
床をゆび先で
なでるように
膝《ひざ》、足首、甲、つま先
をのばしつづけて
ゆびをのばし、ゆび
の腹とゆびのつけ
根、かかとをしっか
り床につける
土踏まずを
引き上げる

② 足うらで床をすりながら脚を横に出す

① 腕《うで》はア・ラ・スゴンドにして、
第5ポジションで立つ

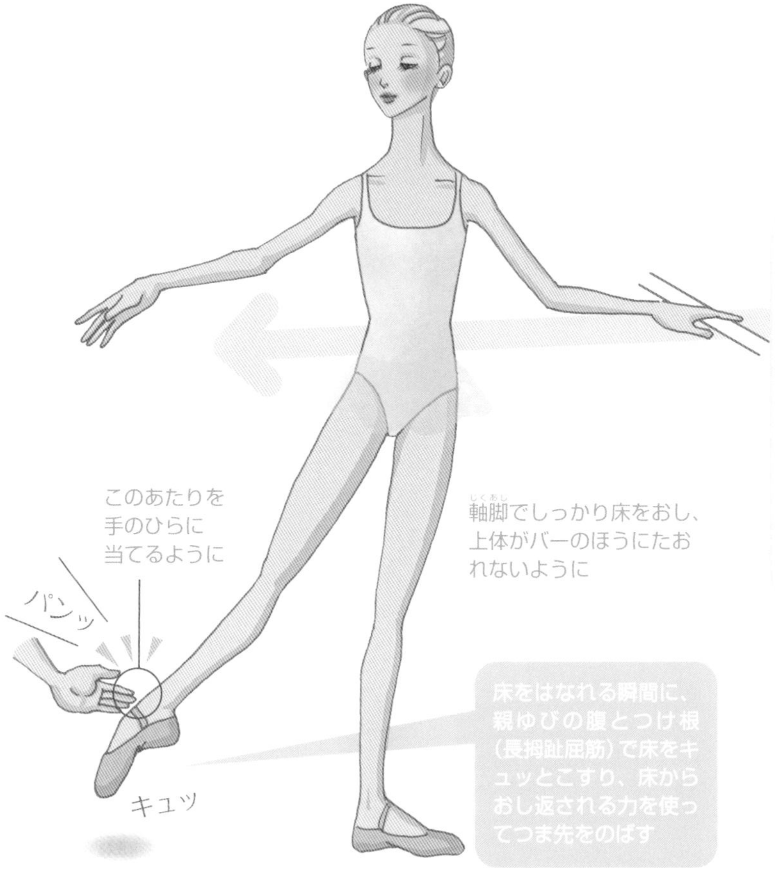
このあたりを
手のひらに
当てるように
パンッ
キュッ
軸脚《じくあし》でしっかり床をおし、
上体がバーのほうにたお
れないように
床をはなれる瞬間に、
親ゆびの腹とつけ根
(長拇趾屈筋)で床をキ
ュッとこすり、床から
おし返される力を使っ
てつま先をのばす

③ さらに脚を横に出し、つま先を床から少しうかせる

「手」をはじくように ジュテしてみよう!

効果的に足うらをきたえるためには、ゆび先が床をはなれる瞬間《しゅんかん》に、床を強くけり出すことが大切です。ジュテしたときに足の甲の上の部分がくるところに、お友だちなどに手をかざしてもらいましょう。手をめがけて、ボクサーがこぶしをいきおいよくつき出すように、強くける練習をしてみてください。

体重をのせて床をする

足に体重をかけただけでも、足うらの筋肉はキュッと縮みます。「床をする動き」に「体重をかける動き」を加えて、足うらをしっかりきたえましょう。

グリッサード

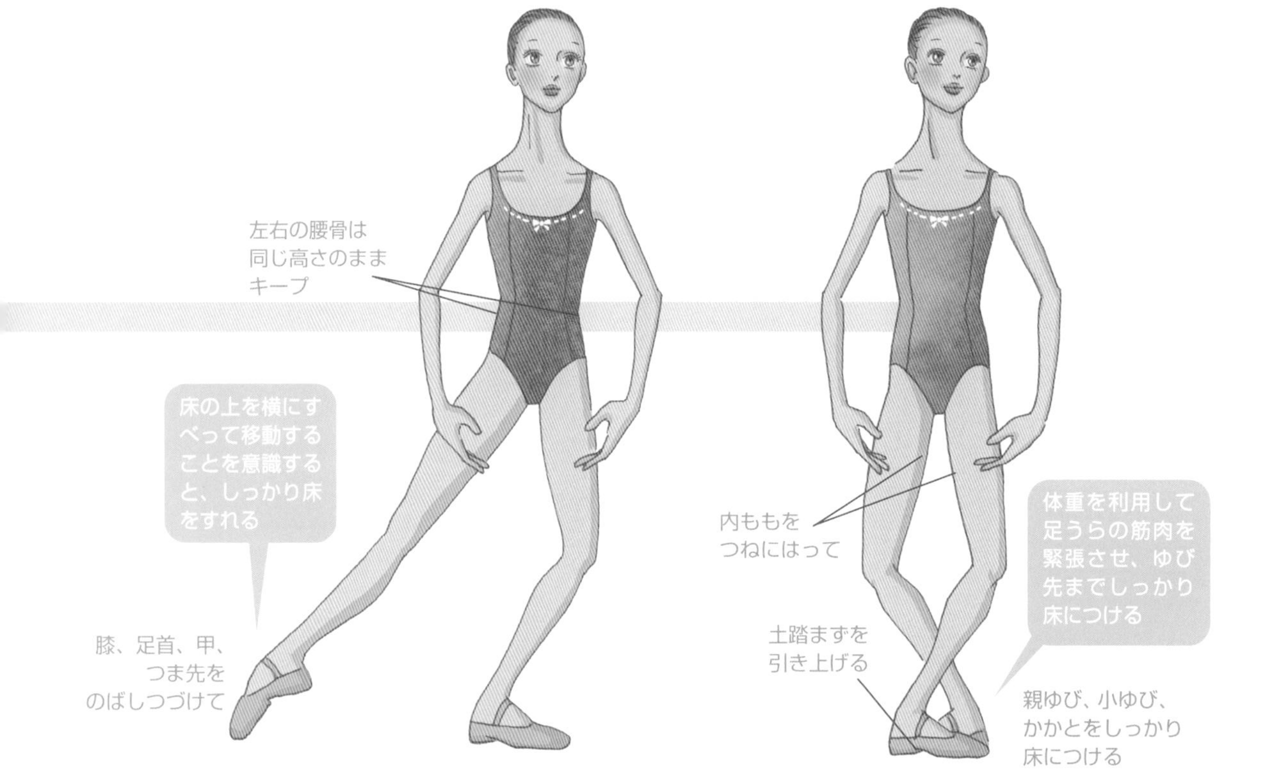
左右の腰骨は
同じ高さのまま
キープ
床の上を横にすべって移動することを意識すると、しっかり床をすれる
膝、足首、甲、
つま先を
のばしつづけて
内ももを
つねにはって
体重を利用して足うらの筋肉を緊張させ、ゆび先までしっかり床につける
土踏まずを
引き上げる
親ゆび、小ゆび、
かかとをしっかり
床につける

① 腕はアン・バーにして、左足前の第5ポジションで立ち、ドゥミ・プリエする

② 足うらで床をすりながら右脚を横に出す

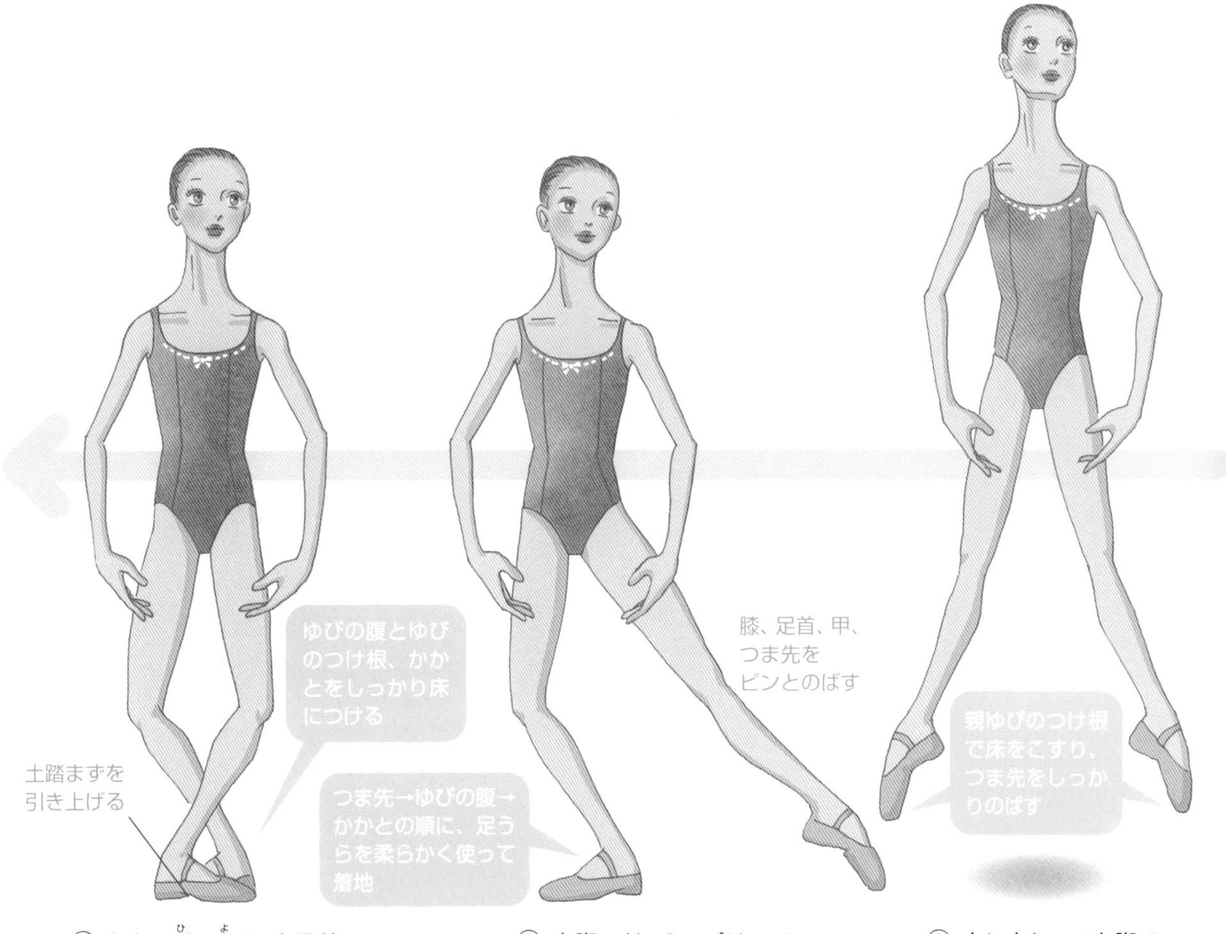
土踏まずを引き上げる
ゆびの腹とゆびのつけ根、かかとをしっかり床につける
つま先→ゆびの腹→かかとの順に、足うらを柔らかく使って着地
膝、足首、甲、つま先をピンとのばす
親ゆびのつけ根で床をこすり、つま先をしっかりのばす

⑤ 左脚を引《ひ》き寄《よ》せ、左足前の第5ポジションでドゥミ・プリエ

④ 右脚のドゥミ・プリエで着地する

③ 右に向かって左脚で床をける

おうちでもがんばろう！
甲とつま先のエクササイズ！

甲まわりをしっかりストレッチしましょう。

exercise 1
甲と足うらをのばす

立っているときと同じように、膝をしっかりのばした状態で行いましょう。背中をのばし、骨盤《こつばん》を立てて座ることで、膝うらの筋肉がストレッチされます。

ゆびを床につけるようにして、甲を気持ちよくのばす
前ももはできるだけリラックス

② かかとをさらにおしながら足首をのばし、ドゥミ・ポアントを通ってつま先を遠くへのばす

背中はまっすぐのばす
かかとを遠くにおし出し、つま先を手前に引っぱって、足うらが気持ちよくのびるのを感じる
膝をのばす

① 脚を前にのばして床に座り、足首を曲げてフレックスにする

---

exercise 2
甲とつま先をきたえる

手の力を利用して、足先をピンポイントでエクササイズ！
より美しく甲を出すためには、足底筋をきたえるだけでなく、甲側のストレッチも大切です。

① 足ゆびのつけ根に手の指先を当てる。そのまま手をにぎり、おさえこむようにして足ゆびを丸める

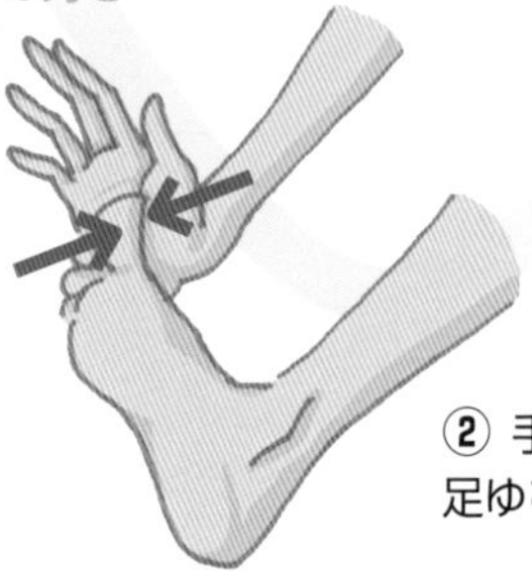
足ゆびの力を感じて

② 手の力に逆らうように、足ゆびをのばしていく

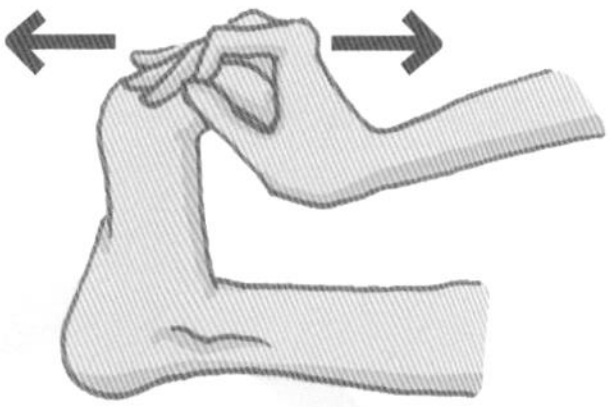
足うらを気持ちよくのばす

③ 膝をのばしてから、足ゆびを手でつかんで、手前に引っぱる。手の力に逆らうように、足うらを遠くへおしていく

甲とつま先を気持ちよくのばす
甲側のストレッチ！

④ さらに足うらをおしていき、足首をのばしきったら、手でつま先を床のほうへおす

Lesson 9

柔らかい体

ダンサーの柔らかな体から生まれる
美しいポーズ── 見とれてしまいますね。
ストレッチすると、筋肉も細くしなやかになり、
ほっそりしたボディラインを
作れますよ！

体が硬いのはなぜ？

体が硬い原因は、大きく分けて3つあります。

①「関節《かんせつ》」（骨と骨がつながるところ）で骨どうしを結ぶ「靭《じん》帯《たい》」というバンドが硬い。靭帯が硬いと、肩や股関節《こかんせつ》などの関節が動かしにくくなってしまいます。

②**筋膜《きんまく》や腱《けん》が硬くてみじかい。**筋肉が柔らかくのびないと、体はしなやかに使えません。じつは、筋肉自体は若いうちはとても柔らかいもの。筋肉をつつむ「筋膜」といううすい膜や、筋肉と骨をつなぐ「腱」というヒモが硬くみじかいため、筋肉全体が硬くなってしまうのです。

③生まれつき骨が関節の動きを止めるような形をしている。よく見られるのは、股関節や足首の骨などです。

体が硬い理由は、3つのうち、③の場合はまれで、たいていは①や②でしょう。その場合は、正しく、根気よくストレッチすることで、少しずつ柔らかくのばしていくことができます。

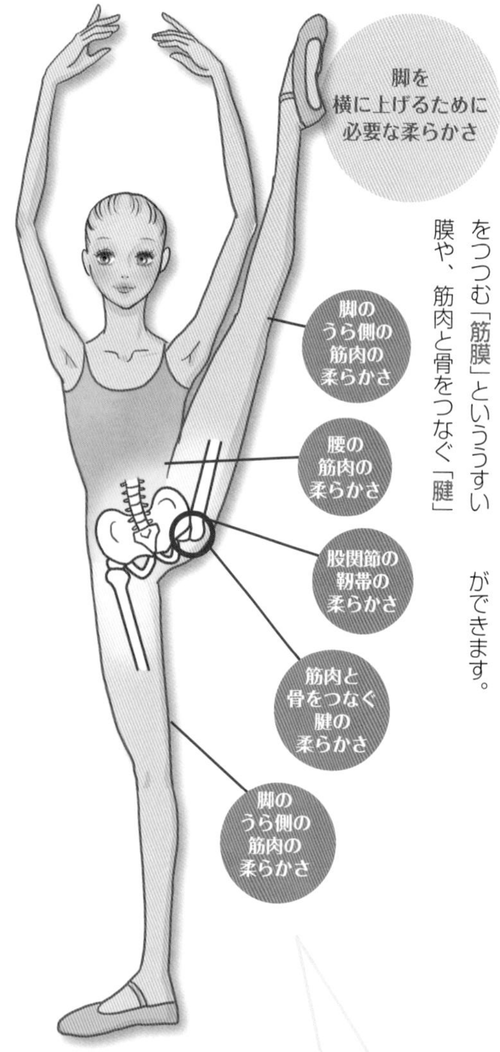
脚を横に上げるために必要な柔らかさ
脚のうら側の筋肉の柔らかさ
腰の筋肉の柔らかさ
股関節の靭帯の柔らかさ
筋肉と骨をつなぐ腱の柔らかさ
脚のうら側の筋肉の柔らかさ

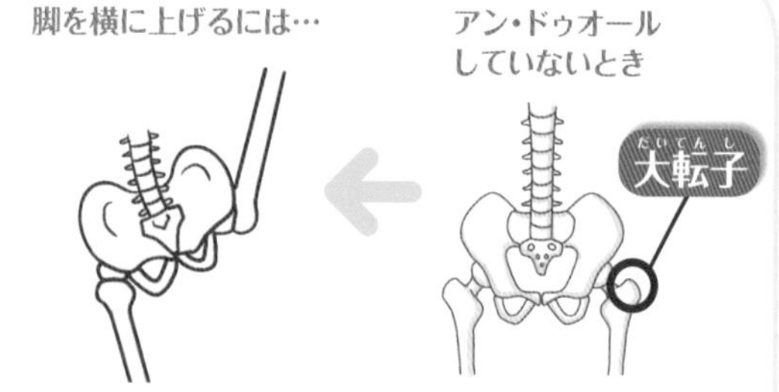
脚を横に上げるには…
アン・ドゥオールしていないとき
大転子《だいてんし》

アン・ドゥオールして大転子をおしりのほうに回転させると、骨盤にぶつからずに脚を上げることができる

このまま脚を横に上げると、「大転子」というでっぱりが骨盤《こつばん》にぶつかってしまう

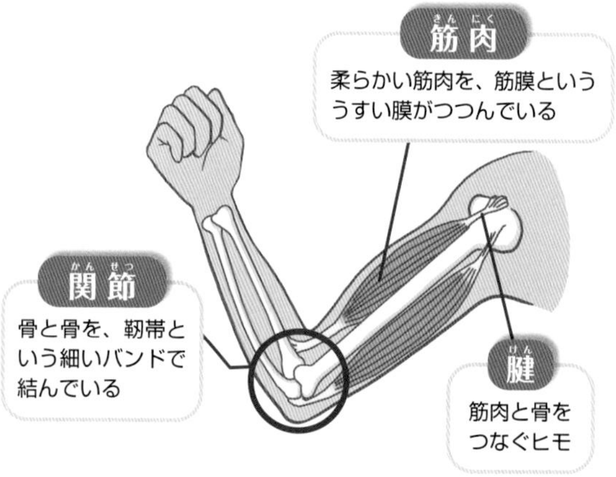
筋肉《きんにく》
柔らかい筋肉を、筋膜といううすい膜がつつんでいる
関節《かんせつ》
骨と骨を、靭帯という細いバンドで結んでいる
腱《けん》
筋肉と骨をつなぐヒモ

体を温めてストレッチ！

効果的《こうかてき》にストレッチするために大切なのは、**体を温め、筋肉をゆるめること**。私たちの筋肉は、いつもちょっと緊張した状態にあります。とくにつかれているときは、緊張して硬くなってしまっているもの。温めることでその緊張をとり、全身をリラックスさせましょう。

体を温めると、ほかにも2つの効果があります。

①コラーゲンでできている筋膜や腱、靭帯などものびやすくなる。

②関節をなめらかに動かすための液体がさらさらになり、より動かしやすくなる。

これらの効果を取り入れるためにも、おふろ上がりなど、体が温まったときにストレッチをするようにしましょう。レッスン前に行うときも、軽く手足を動かして、血行をよくしてから行うとよいですね。

じっくり少しずつのばす

反動をつけたり、後ろからぐいぐい背中をおしてもらったりして無理に体をのばそうとすると、筋肉や腱を痛めてしまうことがあります。**ストレッチは、なるべく自分の力だけで行いましょう**。ゆったり呼吸して筋肉をリラックスさせ、自分の体の重みを利用しながらじっくりのばしていきます。

ストレッチを行う時間は、長いほどよいかというと、そうではありません。とくに、骨がのびる成長期には気をつけて。アキレス腱のストレッチを行いすぎて腱がのびきってしまい、筋肉に力が入らなくなってしまう――なんてこともあるのです。そうならないためにも、**毎日少しずつ、体のようすをみながら行っていくことが大切です**。

レッスンはもちろん、日常生活でも、筋肉は意外に使われているもの。使ったままほうっておくと、太くて硬い筋肉になってしまいます。細く長い筋肉にするためには、こまめにストレッチすること。これを習慣《しゅうかん》にしていくと、ほっそりとしたラインに整っていきますよ。

いつものレッスン ここをチェック！

体のどの部分をのばすのか、
しっかり意識しながら行いましょう。

骨盤を立て、ももの筋肉をのばす

ももの筋肉は、骨《こつ》盤《ばん》にくっついています。ストレッチするときは、
骨盤をしっかり立てて筋肉のいっぽうの端《はし》っこを固定し、
もういっぽうを遠くへのばすような意識で行いましょう。

脚を左右に開く

骨盤を立て、おへそは前に向けたまま
体を横にたおす

上半身ものびやかに、
中指を引っぱって
遠くにたおす
骨盤は前に向け、
立てたままキープ！
体をたおすのと
反対側のつけ根を
しっかり床につけておく
足はポアントにし、
甲《こう》を上に向ける
ハムストリングス
膝《ひざ》のうら側を
しっかりのばす
筋肉を遠くへ
引っぱって
筋肉の端が骨盤で
固定されている
ハムストリングスが
のびる

さらにのばしたいときは…

膝うらは床につけたまま、両足をフレックスにしてかかとをうかせてみましょう。膝をのばす訓練にもなります

※息は止めずに、ゆっくり呼吸をしながら行いましょう

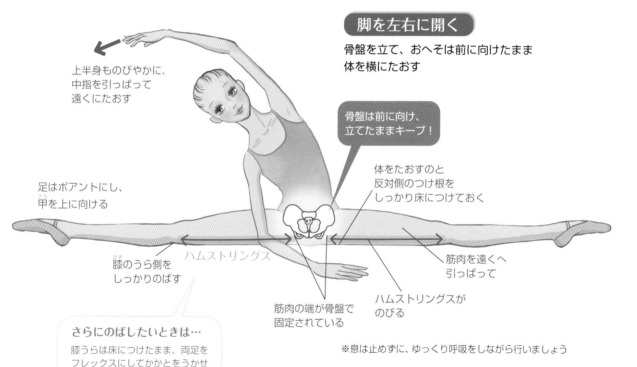

脚を前後に開く

骨盤を立て、おへそは前に向けたまま
背中をまっすぐにのばす

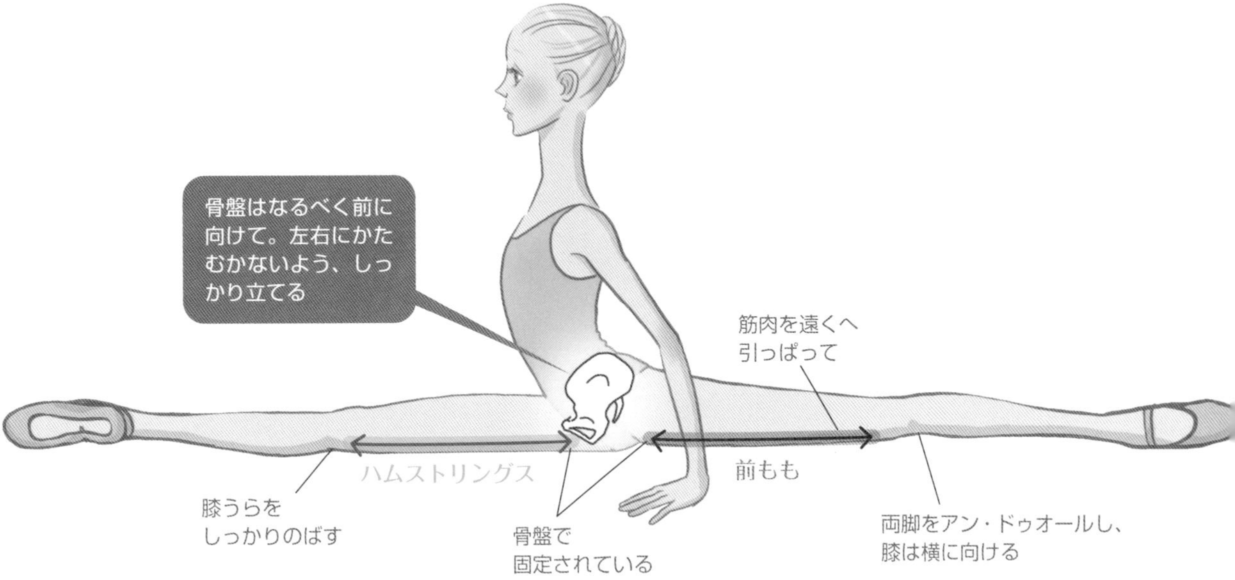

骨盤はなるべく前に向けて。左右にかたむかないよう、しっかり立てる
筋肉を遠くへ引っぱって
ハムストリングス
前もも
膝うらをしっかりのばす
骨盤で固定されている
両脚をアン・ドゥオールし、膝は横に向ける

両脚を前にのばす

骨盤を立てていられるところまで
上体を少したおし、両手でつま先を持つ

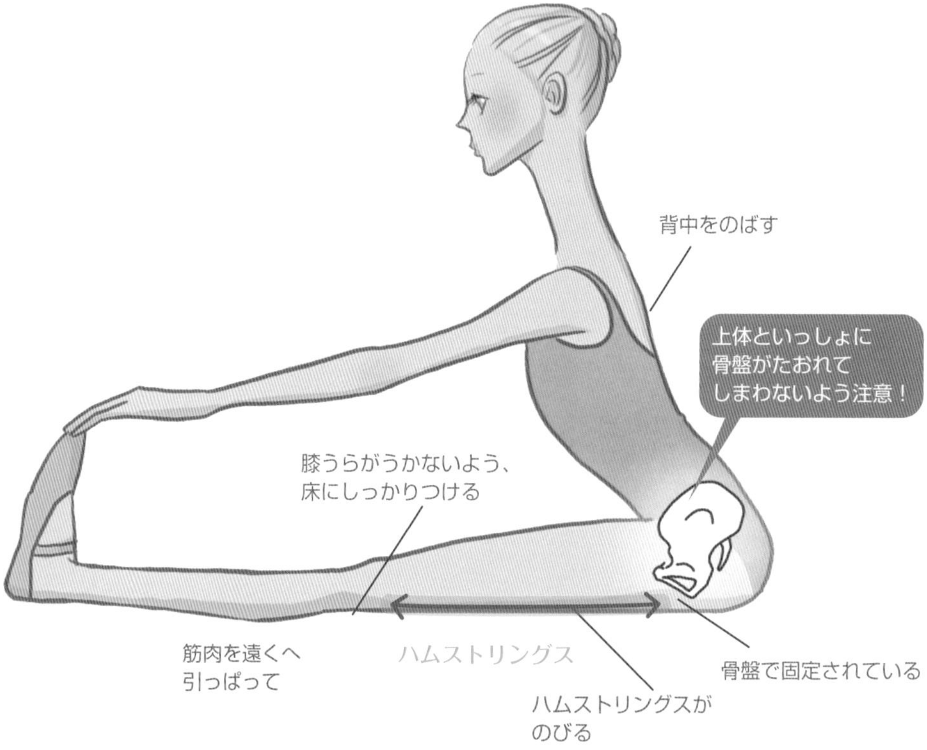

背中をのばす
上体といっしょに
骨盤がたおれて
しまわないよう注意！
膝うらがうかないよう、
床にしっかりつける
筋肉を遠くへ
引っぱって
ハムストリングス
骨盤で固定されている
ハムストリングスが
のびる

骨盤とろっ骨を引きはなし、サイドをのばす

サイドの筋肉をのばすときは、骨盤を固定して、そこからろっ骨を遠くへ引きはなすイメージでのばしましょう

立ちながら

両手でタオルを持ち、たおすのと反対側の足でしっかりと床をおしながら、上体を横にたおす

体側
引っぱり合う力を感じる
上体が前にたおれてこないよう、真横に引っぱる
体側がのびる
骨盤で固定されている
足でしっかり床をおし、上体の動きにつられて腰が上がり、骨盤がかたむかないようにキープ！
床をしっかりおす

正座しながら

床に正座して骨盤を立てたままキープし、体を横にたおす

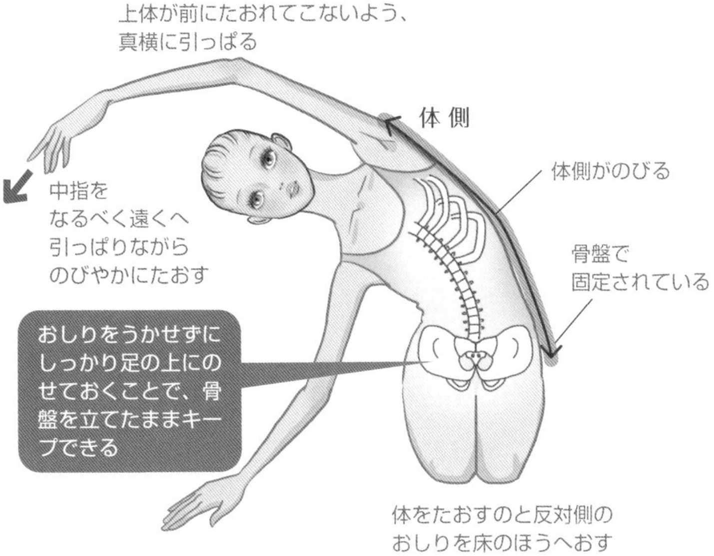
上体が前にたおれてこないよう、真横に引っぱる
体側
中指をなるべく遠くへ引っぱりながらのびやかにたおす
体側がのびる
骨盤で固定されている
おしりをうかせずにしっかり足の上にのせておくことで、骨盤を立てたままキープできる
体をたおすのと反対側のおしりを床のほうへおす

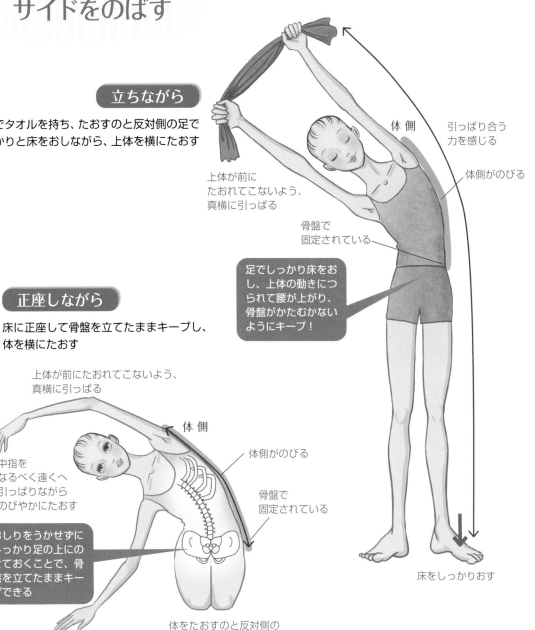

蘆田ひろみ先生からの Message

「バレリーナ・ボディになりたい！」との願いは、バレエを習う人であればだれもがいちどは抱《いだ》くものではないでしょうか。バレエの舞台を見るたびに、私もあんなふうに踊りたい、あんなスラッとした体でジュテやピケがしたいと思います。

プロのダンサーはさも簡単《かんたん》そうに動いて見せるのですが、いざバーにつかまって始めてみると、その簡単なはずの動作のむずかしいこと。これがバレエを始めてから経験する第一の失望です。

でも、つづけていると少しずつできるようになってくる。先生もよくなったといってくれる。そしてつぎははじめてのステージ！　舞台当日は最高の興奮《こうふん》のなかでむかえたものの、その後、やっぱりあれができなかった、ここでしくじったと、第二の失望のときが訪れます。

そして発表会の写真を見て、「私こんなに太っていたの？　肩が上がっているし膝《ひざ》が曲がっているわ……」と第三の失望の時がくるのです。私自身、幼《おさな》いころからバレエに親しんできましたが、バレエを踊っていくなかで自分の欠点に落ちこむことは、挙げればきりがありません。

それでも、バレエが私たちにもたらしてくれる踊る喜びというものは、ほかにはかえがたいものです。私はバレエが大好きです。エレガントで、清らかで、ほんとうに素敵だと思います。素敵なクラシックの音楽に合わせて、理想に向かって、まずは気持ちのよいストレッチから……。私たちは人生を楽しむためにバレエをしているのです。

「バレリーナ・ボディ」を手に入れるには、正しいレッスンを地道に積み重ねていく必要があります。ポイントは、レッスンでもエクササイズでも、きたえたいところをきちんと意識しながら、正しく体を動かすことです。この本で紹介した「体のしくみ」をいつも頭のかたすみにおいてレッスンするといいですよ。成長期のみなさんは、骨や筋肉を正しく動かして美しい体に育っていくために、おとなのみなさんはケガなく長くバレエをつづけていくために、本書がその一助となれば幸いです。

本書の発刊にお力《ちから》添《ぞ》えをいただいた新書館の萩尾愛さんとイラストレーターの武蔵野ルネさんに厚く御礼申し上げます。

バレリーナ・ボディになりたい!

バレエを踊る人のための解剖学

蘆田ひろみ
レッスン指導=有馬えり子

初出
「クララ」2009年3、6、9、12月号、
2010年2月号、6、8月号、2011年2、7月号

2023年1月20日　初版第1刷発行
2024年4月5日　第2刷発行

発行者
三浦和郎

発行
株式会社 新書館
編集／〒113-0024 東京都文京区西片2-19-18
TEL 03-3811-2871　FAX 03-3811-2501
営業／〒174-0043 東京都板橋区坂下1-22-14
TEL 03-5970-3840　FAX 03-5970-3847

クララ編

表紙・本文レイアウト
SDR（新書館デザイン室）

イラスト
武蔵野ルネ

印刷・製本
株式会社 加藤文明社

Printed in JAPAN　ISBN978-4-403-33078-0